Johann Joachim Winckelmann

Alte Denkmäler der Kunst

Johann Joachim Winckelmann

Alte Denkmäler der Kunst

ISBN/EAN: 9783743489523

Hergestellt in Europa, USA, Kanada, Australien, Japan

Cover: Foto ©Thomas Meinert / pixelio.de

Manufactured and distributed by brebook publishing software (www.brebook.com)

Johann Joachim Winckelmann

Alte Denkmäler der Kunst

Alte
Denkmåler der Kunst,

zuerst

von

Johann Winkelmann

herausgegeben und erläutert.

Erste Lieferung.

Kupfertafeln.   Text.
No. 1. bis 40.   A. bis K.

Berlin 1780.
bey Christian Ludewig Stahlbaum.

Ich glaube der Gelehrsamkeit, dem Kunststudium, und dem Vaterlande einen Dienst zu thun, wenn ich die Monumenti inediti unsers Winkelmanns, auf eine für viele Deutsche lesbarere, und für alle, wohlfeilere Art, herausgebe. Eine Anpreisung des grossen Mannes wäre thörigt, weil sie überflüssig wäre; eben so auch eine Anpreisung dieses Werkes. Es ist bekanntlich, wie seine übrigen Schriften, voll von Erklärungen alter Kunstwerke, Erläuterungen alter Schriftsteller, und Bemerkungen zur Geschichte, Mythologie, und Kritik. Es sey auch, daß, wie einige Gelehrte beweisen, und manche behaupten ohne es zu beweisen, der grosse Mann hie und da gefehlt hat; es sey, daß, wie einige Künstler zeigen, und mehrere nachsagen ohne es zeigen zu können, manches der gezeichneten Kunstwerke schlecht ist! Genug, die Antiken sind einmal da; müssen sie darum alle gut seyn, weil sie antik sind? Wol so wenig, als jede Bemerkung darum richtig seyn muß, weil sie von Winkelmann ist! Aber, entbehren kann man doch ein solches Werk nicht, daß so viele Materialien enthält, und so viele Data zu Bemerkungen, Untersuchungen, wenn auch zu Berichtigungen, liefert.

Dieß italiänische Werk war bisher nur für den theuren Preis von 36 Rthlr. zu haben; ich liefere es deutsch, und liefere es wohlfeil. Dazu erwähle ich den Weg der Pränumerazion, und hier ist mein Plan.

Die Uebersetzung ist von einem Gelehrten, der hinlängliche Kenntniß der italiänischen Sprache mit Kenntniß des Alterthums und der hierzu nöthigen Sprachen verbindet. Man kann izt seine Arbeit selbst beurtheilen; und man wird finden, daß außer der Treue beym Uebersetzen, er das Verdienst um dieß Werk hat, wenige und nur höchst nöthige Anmerkungen hinzugefügt zu haben, die theils Erläuterungen, theils Zusäze, theils Berichtigungen an Stellen, wo der grosse Mann zu flüchtig schrieb, enthalten. Sollten diese Beyfall erhalten, so verspricht der Uebersezer, inskünftige noch sorgfältiger und ausführlicher darin zu Werke zu gehen.

Die Kupferstiche ferner, sind aufs genaueste, sorgfältigste, und getreueste nachgestochen; und ich fürchte von der Seite keine Klagen des Publikums. Will man die Kupfer beurtheilen, so bitte ich, dabey nicht nach vorgestellten Idealen, sondern mit Vergleichung der Kupfer des Originals, zu verfahren. Ich habe schon das Urtheil mehrerer geschickter Künstler für mich; und mein Fleiß soll gewiß nicht ermüden, sondern vielmehr immer zunehmen.

Das Original (der Titel ist: *Monumenti antichi inediti, spiegati ed illustrati da GIOVANNI WINCKELMANN, Prefetto delle Antichità di Roma. Volume Primo. Volume Secundo. Roma. MDCCLXVII. A spese dell' Autore.* Hinten steht: *Nella stamperia di Marco Pagliarini. Con licenza de' Superiori.*) besteht aus zwey Bänden.

Der erste enthält: Vorrede, 24 Seiten.
 Vorläufige Abhandlung über die Zeichenkunst der Alten, 104 S.
  Den ersten Theil der Denkmäler selbst, von S. 1—108; und Kupfer von Num. 1—80.
Der zweyte enthält: den zweyten, dritten, und vierten Theil der Denkmäler, nebst Register, zusammen von S. 109 — 368; und Kupfer von N. 81—208.
Dazu kommen noch: einige Bogen Dedikation, und Inhalt. Ingleichen 18 Kupfer, die hin und wieder eingedruckt sind.

Die

Die Ueberſezung erſcheint gleichfalls in zwey Bänden, in eben dem Folioformat, und mit ganz neuem Lettern gedruckt. Sie kömmt in ſechs Lieferungen heraus, und zwar auf folgende Art:

Erſte Lieferung: des erſten Theiles erſte Hälfte, alſo 40 Kupfer, und 12 Bogen Text des Originals.

Zwote — des erſten Theiles zwote Hälfte, die übrigen 40 Kupfer, und der übrige Text.

Dritte — Vorrede, Dedikazion, Inhalt, vorläufige Abhandlung, u. ſ. w. Hierbey iſt mehr Text, als in den beiden erſten Lieferungen zuſammengenommen; dafür aber auch nur wenig Kupfer.

Alsdann iſt der erſte Band geſchloſſen.

Der zweyte Band wird gleichfals in drey Lieferungen zerfallen; wiederum nach Maaßgabe der Kupfer. Es ſind deren 128; alſo werden auf jede ohngefähr 43 kommen, nebſt dem jedesmal dazu gehörigen Text.

Die erſte Lieferung, die izt erſcheint, enthält mit Fleiß, nicht die vorläufige Abhandlung, ſondern, damit die Käufer gleich, was das Wichtigſte bey dieſem Werke iſt, mehr Kupfer bekommen, den Anfang der alten Denkmäler ſelbſt; und die übrigen Lieferungen werden ſo eingetheilt, daß das ganze Werk in zwey Jahren zu Stande kömmt.

Es haben mehrere die gegründete Anmerkung gemacht, daß bey den auf Pränumerazion gedruckten Werken zugleich nicht alles das erfüllet worden, was in der Ankündigung verſprochen iſt. Wir zeigen alſo izt jedem Liebhaber, was er zu erwarten hat; und verlängern zugleich den Pränumerationstermin bis zu Ende des Monats Julius. Bis dahin koſtet jede Lieferung einen halben Louisd'or; man bezahlt beym Empfang einer jeden zugleich auf die nächſtfolgende. Nachher koſtet jede Lieferung dem, der nicht pränumerirt hat, 4 Rthlr. 4 Gr.

Auſſer einigen Freunden, die ſchriftlich darum erſucht worden, und andern, die ſich von ſelbſt willig dazu finden mögten, nehmen alle Buchhandlungen in Deutſchland Pränumeration an. Berlin im April 1780.

Chriſtian Ludewig Stahlbaum,
Buchhändler.

Nachſchrift.

Die andern Lieferungen werden gewiß ſo erfolgen, daß das ganze Werk binnen zwey Jahren geendigt iſt. — Sobald der erſte Band geſchloſſen iſt, ſollen die Namen der Pränumeranten bey dem Haupttitel voran gedruckt werden; auch ſoll für den Buchbinder eine Nachricht erfolgen, wie die Kupfer gehörigen Orts eingebunden werden.

Alte Denkmäler der Kunst.

Erster Theil.
Götterlehre.

Erster Abschnitt.
Von den Gottheiten überhaupt.

Erstes Kapitel.
Von den geflügelten Gottheiten.

Die Natur und das Wesen der Gottheit ist von der Materie entfernt und abgezogen, und daher über unsern begränzten Verstand erhoben, der, nur auf Begriffe sinnlicher Dinge eingeschränkt, jene nicht anders fassen kann, als unter Symbolen, die das unersehafne und unbegreifliche Wesen gleichsam mit fühlbaren und in die Sinne fallenden Gestalten und Bildern bekleiden.

Darum haben die ersten Stifter der falschen Religionen, und die ersten Weltweisen, welches Dichter waren, um sich nach der groben Fassung der rohen Völker zu richten, als sie dieselben von einem obersten Wesen, das sich zu den Sterblichen herabläßt, belehren wollten, dieß **in menschlicher Gestalt** abgebildet. Darum dichtete Orpheus, einer der Religionsgesetzgeber bey den Griechen, um die Herablassung Gottes und seine Mittheilung gegen uns sinnbildlich auszudrücken: Jupiter sey **von beiden Geschlechtern**.

Ζευς αρσην γενετο, Ζευς αμβροτος επλετο Νυμφη [1]).
Zeus ist männlich, Zeus ist eine unsterbliche Nymphe.

Und diese Idee hatten die Alten von allen Göttern, die daher bey ihnen αρσενοθηλεις, von beiderley Geschlecht, hießen. Ferner, um den Begrif eines Wesens, das an Macht und Weisheit unendlich über uns ist, zu erwecken, erhöhten diese Dichter ihr davon gemachtes Bild mit Kräften und Eigenschaften, die sie anderswoher von den Thieren und den verschiedenen Naturwürkungen genommen hatten, und legten diese den Göttern bey, um zugleich anzuzeigen, daß ihr Wesen sich über die ganze erschafne Natur erstrecke.

Zufolge dieser Bemerkung, haben die ältesten Völker, um die Schnelligkeit der Gottheiten beym Würken, und ihre Erhabenheit über das schwache Bedürfniß, durch Wandeln sich von einem Orte zum andern zu begeben, anzuzeigen, sich diese Gottheiten **mit Flügeln versehen** gedacht. Sie versuchten durch Sinnlichkeiten den erhabnen Begrif göttlicher Wesen darzustellen; wie Homer, der das Wandeln der Juno mit den Gedanken vergleicht, in welchen ein Reisender augenblicks die von ihm gesehenen Länder durchfliegt [2]). Ich übergehe ist die ägyptischen Gottheiten mit Flügeln an den Seiten, die ihre unterste Hälfte bedeckten; und schränke mich auf die Gottheiten der Griechen und Hetrurier ein.

Nonnus

1) Euseb. Praepar. Evangel. L. 3. p. 61. l. 16.
2) [Die Stelle ist Jl. O. B. 20. v. f.
   Ὡς δ' ὅτ' ἂν ἀΐξη νόος ἀνέρος, ὅς τ' ἐπὶ πολλὴν
   Γαῖαν ἐληλουθώς, φρεσὶ πευκαλίμῃσι νοήσῃ,
   Ἔνθ' εἴην, ἢ ἔνθα, μενοινήῃσί τε πολλά·
   Ὣς κραιπνῶς μεμαυῖα διέπτατο πότνια Ἥρη.

Es wäre überhaupt der Mühe werth, nachzuspüren, wo sich diese ist so gäng und gebe Vergleichung der Schnelligkeit mit dem Gedanken des Menschen zuerst finde; doch würde daraus eben nicht die Nachahmung der spätern Dichter folgen. In der Edda ist das Bild sehr schön vorgestellt, da Tialfi mit dem Geist des Riesen in die Wette läuft. Wenn

Ossian

Momus stützt sich auf eine alte Tradizion ³), wenn er allen Göttern Flügel beylegt, damals als sie aus Furcht vor Typhon vom Himmel entflichen ⁴), sich über den Nil, d. h. zu den Aethiopiern begaben, wo sie nach Homers Dichtung ⁵) sich zwölf Tage aufhielten. Da man nun in den Werken von Marmor, Erz, und in Steinen viele geflügelte Gottheiten sieht, so kann man folglich annehmen, daß in den ältesten Zeiten die Flügel ein allen Gottheiten gemeinschaftliches Attribut war.

Jupitern findet man so von Dichtern und Bildhauern vorgestelt. Orpheus redet beym Eusebius ⁶) von Flügeln, die dem Gotte in der Kindheit aus den Schultern sproßten, und mittelst welcher er allenthalben hinfliegen konte. Jupiter Pluvius hat auf der Säule des Antoninus seine Flügel. Dieselbe Idee ward von den Hetruriern angenommen: um Jupitern, mit aller seiner Herrlichkeit bekleidet, als er Semelen unter Blitzen erschien, abzubilden, stelte ihn ein Steinschneider bey diesem Volke in einem Talar und mit grossen ausgebreiteten Flügeln vor. Diese Abbildung hat sich in einer antiken Paste des Stoschischen Kabinets ⁷) erhalten; ich liefere sie hier Nr. 1. Auf dem folgenden geschnittenen Stein desselben Kabinets, welcher den nemlichen Gegenstand behandelt, erscheint Jupiter geflügelt, oder nicht bekleidet. Das Gewand der Semele hat einen Saum mit Franzen, die bey den Griechen Κρωσσοι und Θυσανοι, und bey den Lateinern Cirri hießen.

Auf einer antiken Paste, die Herr Christian Dehn, ein Liebhaber der schönen Künste, der sich in Rom aufhält, besitzt, ist Jupiter auf dem Adler, und schleudert den Blitz gegen Semele, die so wie auf der Stoschischen Paste, zu Boden ausgestreckt liegt. Man merke hier im Vorbeygehen, daß die vom Blitz getroffenen Menschen für heilig gehalten wurden; daher nent Euripides des durch einen solchen Schlag gestorbenen Kapaneus Leichnam: heilig ⁸). Auch Pluto, Jupiters Bruder, wird von demselben Dichter ⁹) und vom Philostrat ¹⁰) als geflügelt beschrieben. Selbst Bakchus, scheint es, war geflügelt in der Statue zu Sparta, die ψιλα hieß; welches Wort nach Pausanias ¹¹) einen Flügel bedeutet. Momus wird geflügelt in einem griechischen Epigramm ¹²) erwähnt. Unter den bekantesten weiblichen Gottheiten mit Flügeln steht Minerva oben an. Aeschylus, da er den besondern Schutz, den Athen von dieser Göttin genoß, ausdrücken will, sagt mit Wahrheit, daß diese Stadt unter den Flügeln der Göttin stehe ¹³). Die Fabel giebt ihr Flügel bis auf die Füße ¹⁴), und selbst beym Homer ¹⁵) findet sie sich die Flügel an die Füße. Auch kommen der Minerva Flügel zu, wenn man sie als die Siegsgöttin betrachtet, welches dieselbe Göttin war ¹⁶). Wenn also ein engländischer Gelehrter behauptet, daß Minerva sich weder auf Bildnissen, noch bey Schriftstellern geflügelt befinde ¹⁷); so zeiget er in diesem Theile der Alterthümer keine grosse Erfahrung. Diana sieht man mit Flügeln auf mehreren Kunstwerken ¹⁸); und ihre Oreaden sind gleichfals geflügelt auf einem Basrelief in der Villa Borghese, und auf einer grossen Graburne in der Villa Panfili, wo Diana, von ihrem Wagen abgestiegen, um den Endymion in der Nähe zu betrachten, die Pferde von diesen ihren Nymphen halten läße. Euripides scheint auf eine geflügelte Venus Rücksicht zu nehmen, da er ihren Flug mit dem Fluge der Bienen vergleicht ¹⁹). Selbst die Musen nahmen Flügel an, um den Gewaltthätigkeiten zu entgehen, die der thrazische Tyrann Pyreneus ihnen anthun wolte ²⁰). Eine weibliche bekleidete Figur, mit grossen Flügeln, und einem Thyrsus in der Hand, von Gips an der Decke des sogenanten Bades der Agrippina zu Bajä, könte man für die tragische Muse halten.

Ich

Ossian erinnere ich mich diese Vergleichung nicht gelesen zu haben. In den Hymnen, die man für homerisch hält, findet er sich: die erste Hymne, auf Apollo, V. 136.
Εισι δε προς Ολυμπου απο χθονος, ως τε νοημα,
Εισι Διος προς δωμα.

Ebendaselbst, V. 448.
Εσθ᾽ δ᾽ αυτ᾽ επι νεα, νοημ᾽ ως, αλτο πετεσθαι.

Hymne auf Merkur, V. 43:
Ὡς δ᾿ οποτ᾿ ωκυ νοημα δια στερνα περηση
Ανερος, ὁ τε θαμιναι επιστρωφωσι μεριμναι,
Η οτε δινηθωσιν απ᾿ οφθαλμων αμαρυγαι.
Ὡς αμ᾿ επος τε και εργον εμηδετο κυδιμος Ερμης.

Gewisser vom Homer, Odyssee, H. V. 36:
Των νεες ωκειαι, ωσει πτερον ηε νοημα.

Auch beym Xenophon, Denkwürd. d. Sokrat. IV. B. 3 Kap. Num. 13: Θαττον δε νοηματος. Anmerk. des Uebersez.]

3) Dionys. B. I. p. 6. l. 25. Sanchoniath. beym Euseb. praep evang. L. I. p. 25. l. 25.
4) Apollodor Bibl. B. I. S. 11. b. 3. 4. (edit. Rom. 1555. 8.)
5) Jl. A. V. 423. — [Aber, Homer redet ja nicht vom Gigantenkrieg, sondern von den zwölf Tagen, die zwischen der Pest und der Lieferung einer Schlacht beym griechischen Heer, das Troja belagerte, vergingen. Von dieser homerischen Dichtung, und dem Quell derselben aus dem Alterthum, sehe man Heyne über Ursprung und Veranlassung der homerischen Fabeln. Leipzig. Biblioth. der sch. W. u. f. K. XXIII, 1. S. 43, f. A. d. Ueb.]

6) Praep. evang. L. III. p. 60 l. 11.
7) [Dieß berühmte, von Winkelmann beschriebene, Kabinet hat bekantlich der König von Preußen, nach Stoschens Tode, gekauft. Die Samlung besteht aus 3444 Stücken, und befindet sich izt im Antikentempel bey Sanßsouci. A. d. Ueb.]
8) Die Buttenden, V. 935. Barnes daselbst.
9) Alceste, V. 116.
10) B. 2. Gem. 23. p. 813.
11) B. III. Kap. 19. [Nicht von Sparta, sondern von Amiklä redet Pausanias. Auch scheint nach ihm nicht die Bildsäule, sondern der Gott selbst ψιλα beygenant zu werden; er erklärts: weil Bakchus durch seinen Wein, wie auf Flügeln, die Menschen erhebe. A. d. Ueb.]
12) Anthol. B. I. Kap. II. Ep. 4. p. 14.
13) Die Eumeniden, V. 1004.
14) Cicero de natura deor. III, 23. Tzetzes in Lycophr. v. 354. [Beym Cicero hat eine Minerva, nicht Jupiters Tochter, Flügel an den Füßen.]
15) Odyss. A. V. 96.
16) Euripid Jon, V. 1528.
17) Horsley Brit. Rom. p. 353.
18) Dempster Etrur. tab. 100. Gori Mus. Etrur. tab. 35. Tristan Com. hist. t. I. p. 404.
19) Hippolyt, V. 563.
20) Ovid. Metamorphos. B. V. V. 138.

Erster Abschnitt. Von den Gottheiten überhaupt.

Ich übergehe die Flügel der Parzen, der Furien, der Siegsgöttin; und bemerke nur eine Siegsgöttin von Erz, im Kabinet des römischen Kollegiums, deren Flügel an die Schultern durch zwey Binden befestiget sind, die sich auf der Brust kreuzen. Eben so angebundne Flügel sieht man bey dem guten und bösen Genius, bey den Furien auf einigen hetrurischen Sarkophagen, und vorzüglich auf vier derselben, aus Volterranischem Alabaster verfertiget, in der Villa des Kardinal Alexander Albani. Auch Ikarus auf einem Basrelief von Rosso Antiko in derselben Villa, hat die Flügel so angebunden.

Zweytes Kapitel.
Von den blizenden Gottheiten.

Nicht Jupitern allein wird der Bliz beygeleget; er selbst ertheilte, nach Manilius, den Arnobius anführt [1], neun andern Göttern die Macht ihn zu gebrauchen. Die Hetrurier bewafneten neun Gottheiten damit, wie Plinius [2] lehrt; und aus den griechischen Denkmälern kann man noch mehr blizende Gottheiten sammlen.

Unter den männlichen Göttern nach Jupitern, heißt Neptun Ζεὺς Ποσειδῶν, Jupiter Neptun, weil er auſſer seinen eignen Attributen auch Jupiters seine hat; unter diesem Namen war ihm ein Tempel zu Mylon, einer Stadt in Aegypten, gewiedmet [3]. Er führt den Bliz auf einer Münze des Klaudius [4], und auf einem sehr alten Kameo von Chalcedonier, die der obengenannte Herr Christian Dehn besizt, und die Nr. 3. in Kupfer gestochen ist. Man merke die Gestalt des Deichsels an seinem Wagen; es ist keine gerade Stange, wie die Deichsel auf andern alten Denkmälern zu seyn pflegen, sondern gekrümt nach der Krümmung des Kastens des Wagens. Man bemerkt daran ein Eisen, das sich in eine Kugel endigt, und welches diente, die Pferde daran zu schüren. Ein eben so gebildeter Deichsel, der aber über die Pferde selbst hervorragt, findet sich an einem vierspännigen Wagen, den eine Siegesgöttin führt; es ist ein Gemälde auf einem Gefäß von gebrannter Erde in der Vatikanischen Bibliothek, und ist im zweyten Theil dieses Werkes Nr. 143 abgebildet. Der Wagen auf der Gemme scheinet von der Art derjenigen zu seyn, die Aeschylus καμπύλα ἅρματα nent.   Nr. 143.

Nr. 3.

Apollo ward mit dem Bliz abgebildet [5], vornemlich von den Aſſorern und Heliopolitanern [6]; und auf einer Münze von Tirrha, einer Stadt in Akarnanien, sieht man neben ihm einen geflügelten Bliz [7]. Daher mögte ich lieber den Kopf mit dem Lorbeerkranz und dem Bliz auf einigen römischen Münzen, für Apollo, und nicht mit Begern [8] für einen unbärtigen Jupiter, halten.

Mars blizt beym Sophokles [9] und Plinius [10]; und ist so abgebildet auf einer antiken Paste des Stoſchiſchen Kabinets, die Nr. 4. gestochen ist, wo er die Blize gegen die Titanen schleudert.   Nr. 4.

Dem Bakchus wird von Lucian [11] und Nonnus [12] der Bliz beygeleget; und er findet sich auf einem Stein desselben Kabinets, wo dieß Attribut zu den Füſſen seiner Bildsäule angedeutet ist [13].

Vulkan, der Schmied der Blize Jupiters, und als solcher auf einigen Münzen der Insel Lemnus und auf einigen Gammen abgebildet, genoß, nach dem Servius [14], das Vorrecht sie zu schleudern.

Pan, der unter anderm Namen Jupiter Rustikus ist, hat den Bliz bey zwey kleinen ehernen Figuren im römischen Kollegium.

Herkules erscheint mit dem Blize zur Seite auf einer seltenen und sehr alten silbernen Münze der Insel Naxus.

Unter den weiblichen Gottheiten ist es bekant, daß Cybele mit dem Blize pflegte abgebildet zu werden. Weniger bekant sind Juno [15] und Minerva [16] mit Blizen; die alten Römer weiheten ihnen den Bliz [17]. Zu Karthago ritt Juno auf einem Löwen, in der Rechten den Bliz, in der Linken den Zepter haltend. Minerva

Ipsa Jovis rapidum jaculata e nubibus ignem [18]

zeigt sich so auf einigen Münzen; darunter findet sich im Kabinet des Herzogs Karaffa Noja zu Neapel eine äuſſerſt seltene von der Stadt Bitunrum, mit einer Eule auf einer, und dem Bliz auf der andern Seite.

Minerva

---

1) Adv. gent. p. 122.
2) B. II. Kap. 53.
3) Athen. Deipnosoph. B. VIII.
4) Triſtan Com. hiſt. t. I. p. 185.
5) Nonnus Dionyſ. l. X. p. 186. l. 5. LXXXIII. p. 403. l. 20, f.
6) Makrob. Saturnal. l. I. c. 24. p. 254.
7) Golz. Graec. tab. 61.
8) Observat. in Num. p. 14.
9) Oedip. Tyr. V. 477.
10) B. X. Kap. 2. p. 716.
11) In der Vorrede: Bakchus.

12) Dionyſ. l. X. p. 185. l. 21.
13) Winkelmann Descr. d. pierr. gr. du Cab. d. Stoſch. p. 234 n. 1439.
14) Ueber Aeneid. p. 177. H. Nonnus Dionyſ. l. XL. p. 504. l. 24.
15) Mart. Kap. L. I. p. 18. [Auch bey Virg. Aen. IV. V. 120 — 122, wie Heyne bemerkt.]
16) Ariſt. Orat. in Pall. Opp. t. I, p. 19. A.
17) Livius B XXII, Kap. 1.
18) Virgil [Aen. l. B. 41.] Aeschyl. Eumen. V. 830. Euripid. Trojan. V. 80, 91. Valer. Flacc. l. IV. v. 673.

Erster Theil. Götterlehre.

Minerva schleudert auf einigen Gemmen [19]) und Münzen [20]) den Bliz gegen die Titanen; unter den weniger bekannten dieser Art giebt es eine Münze von der Stadt Phaselis in Lycien [21]). Einzig ist das kleine Bild der Minerva von Marmor in der Villa Negroni, mit dem Bliz in der Hand. Dem Liebesgott selbst war nicht versagt, ihn zu schwenken; und auf Alcibiades Schild war der Amor Κεραυνοφορος, mit dem Bliz in der Faust, eingegraben [22]); auch findet er sich auf einigen Steinen [23]).

Drittes Kapitel.
Von den grössern Gottheiten.

Nr. 5. Das Kunstwerck des kapitolinischen Kabinets, Nr. 5., welches die Gestalt eines runden Altars hat, diente zur Einfassung eines derer Brunnen, welche Putealia sigillata [1]), d. i. mit erhobnen Bildwercken geziert, hiessen. Es erzählt Pausanias [2]) von einem Puteal, worauf der Raub der Proserpina von Pamphus, einem der ältesten griechischen Bildner, gearbeitet war. Der Gebrauch, wozu dieser Marmor gedient hat, zeigt sich deutlich an den Aushölungen, welche der Strick des Eimers rund um den Rand gemacht hat; man kann sie itzt nicht mehr sehen, seitdem dieser Marmor in ein Gestell verwandelt worden, um ein grosses gleichfals marmornes Gefäß zu tragen.

Ich setze dieß Kunstwerck aus zwey Ursachen her: erstlich, um daran den Stil der Bildhauerkunst zu zeigen, welche hetrurisch scheint, und weshalb ich diesen Marmor in der vorläufigen Abhandlung angeführt habe; zweytens, weil man darauf die zwölf grössern Gottheiten siehet, und vornemlich Vulkan, der mit beiden Händen ein Werkzeug hält, welches die Gestalt eines Schlägels, und in der Fabel den Namen einer Art hat; er ist im Begrif Jupitern das Gehirn zu öfnen, damit Minerva daraus geboren werde. Dieselbe Fabel findet man eingeschnitten in eine eherne hetrurische Schüssel im Kabinet des römischen Kollegiums [3]); auch auf dem Deckel eines Sarkophags mit hetrurischer Schrift, welcher im vorigen Jahrhundert zu Arezzo aufbewahret ward [4]). Doch findet sich die schönste Abbildung dieser Allegorie in erhobner Arbeit im Kabinet des Markese Rondinini: Jupiter sitzt da auf seinem Throu, und hinter ihm steht Vulkan, der in der Rechten einen Schlägel erhoben hält, gleich dem auf dem kapitolinischen Kunstwerck. Er ist jung, und ohne Bart; und hat die Stellung, als hätte er den Schlag gethan. Sein Kopf ist nach der Figur Jupiters hingewandt, gleichsam aufmerkend, um Minerva aus dessen Gehirne herauskommen zu sehen.

Vulkan ist im Jünglingsalter ohne Bart abgebildet, wie in den ältesten Zeiten zuweilen Jupiter und Aeskulap vorgestelt wurden [5]). Auch findet man ihn unbärtig auf hetrurischen Schüsseln [6]) und geschnittenen Steinen [7]), auf griechischen Münzen von der Insel Liparis, die im Kabinet des Herzogs Karaffa Noja zu Neapel sind, auf römischen Münzen [8]), und auf Lampen [9]).

Da sich also dieser Gott bärtig auf den Denkmälern, die für Werke griechischer Künstler anerkant werden (die angeführten liparischen Münzen ausgenommen), hingegen bartlos auf hetrurischen Werken findet: so glaubte ich einst, daß in den Bildnissen, worauf Vulkan jung vorgestellet ist, und die sonst einige Eigenschaften des hetrurischen Stils haben, diese Abbildung des Gottes ohne Bart einen verstärkten Beweis von dem genanten Stil geben könte. Allein, ich habe meine Meynung geändert. Ich bemerkte, daß Demetrius Triklinius in den Scholien über den Oedip zu Kolonos [10]), als eine Stelle aus dem Lysimachus (der Nachrichten von athenischen Sachen schrieb) anführt: Es sey in Athen ein gemeinschaftlicher Altar für Vulkan und Prometheus, die Bildsäule dieses leztern stehe zuvorderst, und zeige einen alten Mann mit einem Zepter in der Hand, jener hingegen sey ein Jüngling. Man vergleiche mit dieser Bemerkung, das was ich bey Nr. 131. Nr. 131. über ein Gefäß von gebranter Erde angemerkt habe, wo Venus abgebildet ist, wie sie Achillen die Waffen bringt, welche Vulkan geschmiedet hat.

Minerva, die Servius [11]) aus der Zahl der grossen Götter ausschliesst, nimt auf unserm Denkmal ihre Stelle ein. Venus unterscheidet sich durch eine Blume in beiden Händen, wovon ich hernach reden werde; so wie von dem Bock des Merkur.

Die auf Merkur folgende Göttin, mit dem Zepter in der Hand, auf dessen Spitze man einen enformigen Zierrath entdecket, wird entweder Ceres oder Vesta seyn; die beide unter die Zahl der grossen Götter gehörten [12]). Aber Ceres und Vesta waren, nach dem Euripides [13]), Eine Gottheit. Ihre Abbildung ist, auf

---

19) Descr. d. pierr. gr. du Cab. d. Stosch. p. 51.
20) Spence Polymet. Gespr. VI. p. 63.
21) Pellerin Rec. de Medaill. t. II. pl. 69.
22) Athenäus Deipnosoph. L. XII. p. 534. E.
23) Beger Thes. Brand. t. I. p. 183. Dorioni Collect. ant. tab. 38.
1) Cicero Briefe an Attik. I, 10.
2) Pausan. B. I. Kap. 39. — [Pausanias sagt das nicht, sondern: Pamphus erzählte in seinem Gedichte, daß Ceres bey Aufsuchung ihrer Tochter, sich auf den Brunnen gesezt habe, der zu Anfangs des Weges von Eleusis nach Megara stehe. A. d. Ue.]
3) Dempster Etrur. t. I. La Chausse Mus. Rom. sect. IV. t. 23.
4) Ciatti Paradoss. p. 15.
5) Pausan. V, 24. VIII, 23. [Vom Aeskulap: II, 13.]
6) Dempster. Etrur. a. a. O.
7) Descr. d. pierr. gr. d. Cab. d. Stosch. p. 123.
8) Vaillant, t. I. t. 25. n. 8. Mus. Pembrok. p. II. t. 3.
9) Passeri Lucern. t. 52.
10) Schol. zu V. 55.
11) Zu Aen. B. I. V. 4.
12) Schol. zu Apollon. Argonaut. B. II. V. 574.
13) Spanheim zu Kallimach. p. 716.

Erster Abschnitt. Von den Gottheiten überhaupt.

auf unserm Kunstwerk, mehr in Gestalt der Vesta, als der Ceres; jener, als einer Schwester Jupiters [14], kann der Zepter zukommen. Eine weibliche Gottheit, mit einem langen Zepter in der Hand, und ohne ein anderes Attribut, hinter Diana *) hergehend, auf einen Altar in der Villa des Kardinal Alex. Albani, der Nr. 6. beygebracht ist, scheint dieselbe Göttin zu seyn. Auch sieht man sie mit einem Zepter auf verschiedenen Münzen abgebildet [15]. Doch findet man die Vesta mit ihrem bekanten Sinnbilde, nemlich einer Fackel in der Hand, auf einer ehernen Lampe [16], und auf einer Münze [17]. Ich muß hier doch anmerken, daß auch Juno Lucina mit einer Fackel abgebildet wird; und was sonderbar ist, auf einem Basrelief, das der Fürst von Anhalt-Dessau in Rom gekauft hat, welches das Urtheil des Paris vorstelt, sitzt Juno, mit dem Pfau unter ihrem Stuhl, und ebenfals mit einer brennenden und geraden Fackel, wie mit einem Zepter.

Uebrigens ist das kapitolinische Kunstwerk nicht in Nettunno, wie der Marchese Lukatelli [18] angiebt, entdecket worden. Man fand es in einem Weinberg vor der Porta del Popolo, welcher der Familie Medici gehört; und der Kardinal Alex. Albani bekam es zum Geschenk vom Großherzog Kosmus III.

Viertes Kapitel.
Von den Genien der Götter.

Die Genien sind gemeiniglich Jünglinge, mit der Schale in der rechten, und dem Horn des Ueberflusses in der linken Hand; doch giebt es auch einige alte und bärtige, wie der auf einem Basrelief, von Sante Bartoli [1] geschnitten, das sich ist im Palast Albani findet; und wie ein anderer im Palast Mattei, beide mit gleichen Attributen. Auch war der Genius, den Kebes in seinem Gemälde einführt, alt.

Die Götter haben ihre Genien; die von Jupiter [2] und Bakchus kommen oft vor. Jupiter stüzt sich auf seinen Genius, auf einem Basrelief das nicht mehr in Rom ist [3]. Der Genius des Bakchus, genant Ampelos, Sohn des Silens [4], ist vom Geschlechte der Faunen, und hat am Ende des Rückens einen kleinen Schwanz, wie man in der Nr. 7. siehet, das sich in der Villa des Kardinal Alex. Albani findet. Dieser Genius ist in der Stellung, die, dem Euripides [5] zufolge, den Bakchanten eigen ist, nemlich: den Thyrsus in der Rechten tragend, und den rechten Fuß gehoben. In dem Gärtchen eines Häuschens in der Strasse Giulia, das durch die Brücke mit dem Palast Farnese verbunden ist, sieht man einen sehr schönen Bakchus, etwas über natürliche Grösse, der sich auf den Genius stüzt, so wie er auf einem Basrelief in der Villa Medici gearbeitet ist. Ein Genius mit grossen Flügeln, der ein Tropäum trägt, auf einem geschnittenen Stein im Kabinet des Herzogs Karaffa Noja, könnte der Genius des Mars seyn.

Den Kaisern nicht weniger als allen andern Menschen, legten die Römer einen Genius bey, wie man in dieser noch nicht bekannten Inschrift in der Villa des Kardinal Alex. Albani sieht, wo es von Tibers Genius heißt:

GENIO
TI. CAESARIS
DIVI. AVGVSTI. F.
AVGVST.

Ja selbst den Büchern, scheint es, hatte man einen Genius gegeben [6].

Nr. 6.

Nr. 7.

---

14) Pindar Nem. XI, v. 1.
*) [Nemlich die lezte Figur auf diesem Altar, ist Diana Man s. S. 7. vorlezte Zeile. A. d. Ue.]
15) Spanheim de Vesta et Prytan. p. 684, 701.
16) La Chausse Mus. Rom. sect. V. t. 7.
17) Spanheim de V. et Pr. p. 680, 681.
18) Museum Kapit. p. 23.

1) Admir. Rom.
2) Lucian Lob Demosth. gegen das Ende.
3) Boissard, t. II. p. 68.
4) Nonnus Dionys. L. X. p. 186. l. 19.
5) Balch. V. 941.
6) Victurus Genium debet habere liber. Martial B. VI. Ep. 60. V. 10.

Zweyter Abschnitt.
Von besondern Gottheiten.

Erstes Kapitel.
Cybele.

Nr. 8.   Verschiedene Abbildungen der Cybele sind in Druck gegeben und erklärt worden; aber die mit Nr. 8. bezeichnete, die sich im kapitolinischen Kabinet befindet, und noch nicht bekannt gemacht worden, ist vorzüglich vor den andern sonderbar und gelehrt.

Diese halbe Figur stellet entweder die etwas bejahrte Cybele, so wie sie war als sie sich in Atys verliebte [1]), oder eine römische Matrone vor, die auf Art dieser Göttin gekleidet ist, da ihr die Thürme fehlen. So und in solcher Kleidung sitzt die ältere Faustina in einem Tempel, nach der Vorstellung auf einer Münze [2]). Der Kopf unsrer Cybele ist mit einem Oelzweig umgeben; wie Priester und Priesterinnen bekränzt gebildet wurden [3]). An diesem Kranz hangen drey runde medaillenförmige Schildchen, jedes mit einem erhobengearbeiteten Brustbildchen: das über der Stirn hat einen alten Kopf, welcher Jupiter zu seyn scheint; auf den beiden andern über den Schläfen ist Atys, Cybeleus Geliebter, abgebildet; noch ein anderes Brustbild von demselben hängt ihr auf die Brust. Auf dieselbe Art mußten die Priester und das Kollegium der Flavialen, die bey den Fechterspielen des Domizian waren, Kronen mit dem Bildnisse dieses Kaisers verziert, tragen [4]). Das kleine Bildniß auf der Brust scheint das zu seyn, was bey den Priestern der Cybele das Brustſtück, προςηϑίδιον, heißt, und sich an dem Bildniſſe einer Priesterin der Cybele findet [5]).

Der Kopf ist ihr auf einer Seite mit ihrem Tuche oder Pallium bedeckt; und unter diesem Tuche, das den Schleyer ausmacht, fallen hinter den Ohren von beiden Seiten zwey Schnüre Perlen herab. Eben so sieht man an einem kolossalischen Kopf derselben Gottheit, im päbstlichen Garten auf dem Quirinale, von beiden Seiten eine einzige Schnur Perlen herabfallen. Der Hals ist mit einem Halsbande umgeben, das sich in zwey Schlangenköpfen, die eine Art von Juwelenkreuz halten, vereinigt; dieß Halsband ist dick, wie die waren, welche nach Luzian [6]) einem Aal an Dicke übertrafen. Diesem Halsbande wird die goldne Schlange ähnlich gewesen seyn, die die athenischen Kinder um den Hals trugen [7]).

In der rechten Hand sieht man eine Art Handhabe, die drey Oelzweige einschliesset; über diesen Oelzweigen hangen zwey Klapperbleche. In der linken Hand hält sie eine ausgehöhlte Muschel, worin ein Fichtenapfel liegt, eines der gewöhnlichen Sinnbilder der Cybele, zur Anspielung auf den Fichtenbaum, unter welchem Atys sich entmannte [8]); um diese Frucht sind Mandeln gestreut, die diese Göttin aus dem Blut des Atys hervorwachsen ließ [9]). Diese Muschel scheint der mystische Becher, Κερνος, zu seyn, den dieselbe Göttin, die auch Rhea hieß, in der Hand trug, und wovon sie Κερνοφορος Θεα genannt wird [10]).

An der linken Seite hängt von der Schulter herab eine Geißel mit drey Stricken, worauf Knöchel oder Astragale eines Ziegenbocks gereihet sind, womit sich die Priester der Cybele peitschten [11]). Die schöne sitzende Bildsäule dieser Göttin in den päbstlichen Gärten des Vatikans, hält in der linken Hand, statt der Geißel, eine Handhabe mit drey kleinen Ketten, woran eben so viel Schellen befestigt sind. Die gewöhnliche Geißel der Priester der Cybele, ist ein schmaler lederner Riemen, an einen Handgriff befestigt; eine solche sieht man in der Hand eines dieser Priester, auf einem Basrelief bey dem Bildhauer Herrn Bartolomeo Cavaceppi. Auf der linken Seite hängt ein Tympanum in der Höhe; dieß war das Sinnbild von der runden Gestalt der Erde, da Cybele für ihre Göttin gehalten ward [12]); und das Tympanum hängt, um das auszudrücken, was Lukrez, da er von dieser Göttin redet, sagt:

Aëris in spatio magnam pendere . . .
    Tellurem.   B. II. V. 602.

---

1) Luzian von Opfern S. 365. (ed. Paris. 1615. fol.) Arnob. contra gent. l. IV. p. 151.
2) Medaill. du Cab. du Roi de France, n. 57.
3) Virgil Aen. B. VII. B. 418, 751.
4) Sveton. Domit. K. 4.
5) Montfaucon Ant. expl. t. II. pl. 5.
6) Revivisc. S. 204.
7) Euripid. Jon. B. 1430. Barnes zum 24 B.
8) Arnob. B. V. p. 159.
9) Ebendas. p. 160.
10) Schol. zu Nikanders Alexipharm. B. 217. Pausan. VII, 18.
11) Metam. B. VIII, p. 261. [Plutarch gegen Kolot. μαςιξ ϛεραγαλωτη, ἡ τις Γαλλος—κολαζεται.]
12) Varro beym Augustin de Civ. Dei. B. VII. Kap. 24.

Zweyter Abschnitt. Von besondern Gottheiten.

Unten ist ein bedeckter mit einem Oelzweig umwundener Kasten; und in der Mitte sieht man zwey Flöten, eine gerade, und eine krumme, welches die Phrygische ist [13], und der Cybele eigen [14]; jede hat ihr Mundstück oder Züngelein, γλωττα, und diese Flöten waren von Buchsbaumholz [15]).

Die Geissel mit den aufgereiheten Astragalen, die man bloß in diesem Kunstwerke findet, verdient noch einige Aufmerksamkeit, um die Erklärung einer Stelle im Diogenes von Laerte zu verbessern. Dieser Schriftsteller erzählt [16]), daß der Philosoph Arkesilaus, als ein Jüngling sich herausnahm in seiner Gegenwart dreiste zu reden, sagte: ου ληφεται τις τουτον ασραγαλω; In der letzten Uebersetzung, die Markus Meibom durchgesehn hat, wird dieß so übersezt: Nullusne hunc talo excipiet? Ist keiner, der ihn mit einem Knöchel bewillkomme? Ich bin überzeugt, daß der Uebersezer es selbst nicht verstanden hat. Kasauben wird in einer Note bey dieser Stelle bald fertig, indem er nur kurz das Knöchelspiel anführt; er zeigt dadurch, daß er es nicht verstanden hat, auch war er noch sehr jung, als er sich an die Ausgabe des Diogenes machte.

Doch ist es Apulejus a. a. O. nicht allein, welcher der aus Knöcheln bestehenden Geisseln der Priester der Cybele gedenkt; man findet sie auch beym Lucian [17]), Pollux [18]), und Eustathius [19]) erwähnt. Diese Kenntnisse verschaffen den wahren Sinn der Worte des Arkesilaus. Er wolte sagen, daß dieser unverschämte Jüngling die Ruthe verdiene; sein Ausdruck gab einen Theil statt des Ganzen an; er sagte Knöchel, um die Ruthe mit aufgereiheten Knöcheln anzuzeigen. Zu gleicher Zeit warf der Weltweise auf seine Art diesem Jünglinge sein Alter vor, das geschickter zum Knöchelspiel, als reif zum stolzen Reden war. Ist keiner, wolte er sagen, der ihm die Ruthe gebe?

Zweytes Kapitel.

Jupiter.

I.

Einzig, zum wenigsten in Marmor, kann man den Jupiter mit dem Zepter, welcher auf der Spize einen Adler hat, nennen, der auf einem vierekigten Altar in der Villa des Kardinal Alex. Albani, Nr. 6., abgebildet ist. Es war dieß die Sitte der Alten [1]), oder vornemlich der Assyrer, denen es verboten war, Zepter oder Stäbe zu tragen, auf deren Obertheil nicht ein Apfel, oder eine Rose, oder eine Lilie, oder irgend eine andere Abbildung gearbeitet war [2]). Doch ist dieser Adler auf der Spize von Jupiters Zepter von höherer Bedeutung; er war, wie Fulgentius, auf das Zeugniß Anakreons, erzählt [3]), das kriegerische Zeichen, das Jupiter nach der Niederlage der Titanen annahm, da zum ersten Zeichen ihm vor der Schlacht mit diesen Söhnen des Uranus ein Adler erschienen war. Daher, behauptet derselbe Schriftsteller, habe das Kriegszeichen des Adlers bey den Römern seinen Ursprung. Auch kann der Adler auf der Spize des Zepters, bey Jupitern als ein Sinbild der Herrschaft über die Welt angesehen werden; da ein Adler, der sich auf den Spieß des noch jungen Hiero! zu Syrakus niederließ, als eine Vorbedeutung der königlichen Würde, und der Regierung, die er hernach bekam, angesehn ward [4]). Mit Zeptern, die mit Adlern geziert sind, findet man die Abbildungen von Dioklezian und Maximian: auf einer byzantinischen Münze [5]), und auf einer grossen Schaumünze [6]), zum Zeichen des unter ihnen getheilten Reiches. Selbst die Zepter der römischen Konsuln endigten sich an der Spize mit einem Adler [7]). Im Vorbeygehn bemerke ich hier einen Adler, der von einem Theil des Rückens an gepanzert gebildet ist, an einer Kaiserstatue mit dem Kopf des Hadrians, die in dem bedekten Gange am Palaste derselben Villa des Kardinal Albani befindlich ist.

Jupiters Kopf, auf unserm Altare, ist mit einer Lorbeerkrone umkränzt: diese ist ihm, nach dem Phurnutus [8]), eigen, wie man auch auf einigen Münzen sieht [9]). Er wurde damit von den andern Göttern, nach der obgenannten Niederlage der Titanen, als Sieger gekrönet [10]). Auf einem kleinen Basrelief, wo Minerva bey Jupitern steht, bekömt dieser eine solche Krone aufs Haupt gesezt von einer andern unbekannten Göttin [11]); denn sie hat keine Attribute, ausser einem kleinen Stamm, worauf sie sich stüzt, und der vielleicht statt eines Baums da gebildet ist, so daß sie eine Veste vorstellen soll.

Die zwischen Jupiter und Neptun stehende Göttin, mit gesenktem Haupte und traurigem Antliz, mit der Linken das Gewand, das ihr sonst das Gesicht bedecken würde, emporhebend, scheint Proserpina zu seyn. Die lezte Göttin auf der verstümmelten Seite dieses Altars, mit den beiden Fackeln, ist Diana Luzifera. Von Ceres und Bakchus behalte ich mir vor an ihren Stellen zu reden.

---

13) Aristid. Quintil. de Musc. l. III. p. 147.
14) Ders. a. a. O.
15) Virgil Aen. B. IX. B. 619.
16) B. IV. Sekt. 34.
17) Asin. S. 661.
18) Onomast. B. X. Segm. 54.
19) Ueber Il. ψ. p. 1289. l. 52.
1) Schol. über Aristophan. Vögel. B. 510.
2) Herodot. B. I. K. 195. [Es war ihnen nicht verboten, sondern ließ nur gegen ihre Sitte, u a. d. Ue.]
3) Mythol. B. I. K. 15.

4) Justin XXIII, 4. [Der Adler sezte sich eigentlich auf sein Schild; und eine Nachteule auf seinen Spieß. A. d. Ue.] Rupert über Justin. ep. 21. p. 66.
5) Harduin Num. p 413.
6) Benuti Num. Vat. Alb. t. II. tab. 102.
7) Juvenal Sat. X. V. 43.
8) De Nat. Deor. c. 9. p. 152.
9) Wilde Num. sel. n. 58. p. 87; n. 65. p. 92; n. 70. p. 102.
10) Diodor bey Tertull. de cor. mil. p. 124. H.
11) Buonarotti Oss. L alc. Med. Frontisp.

8 Erster Theil. Götterlehre.

Die Schuhe an den Füßen aller Figuren (die vermuthete Proserpina ausgenommen), die wie Netze von Band gewunden sind, mögen wol von der Art, die man ξαιδια nannte, seyn; dieses war, nach Pollux [12]) Erklärung, πολυελικτον ὑποδημα, ein Schuh mit vielem Gewunde.

II.

Nr. 9. Merkwürdig ist der geschnittene Stein Nr. 9, der ehemals in Krozats Kabinette war, in dessen Verzeichniß er von Mariette, für einen August als Jupiter gebildet [1]), angegeben worden, womit doch die Schönheit des Gesichtes nicht übereinkömt.

Ich glaube, in dieser Figur wird Jupiter Arеиr oder der unbärtige vorgestellet, wie dieser Gott in mehrern griechischen Statuen abgebildet war [2]); auch auf römischen Münzen sieht man einen Kopf Jupiters ohne Bart [3]). Zugleich erscheinet dieser Jupiter als Krieger; das Sinnbild davon ist der Schild, der ihm zu Füßen liegt, und die Aegide, die er um den linken Arm gewickelt hat, um sie wie Schild zu gebrauchen. Er hat die Bildung des marzialischen Jupiters, Αρειος [4]), der Eins mit dem Jupiter scheint, den die Karier Στρατιος [5]), d. i. den Heeresführer, nannten. Man könnte diesen Jupiter auch Αγητωρ betiteln. Dieses Beywort soll, nach Spanheims Meynung, sich auf Jupitern als Kind, da er auf der Amaltheischen Ziege ritt beziehen; nicht auf die Aegide, wie er hier abgebildet ist, oder auf das Fell dieser nehmlichen Ziege, das schon erwachsene Jupiter, nach dem Scholiasten des Aratus [6]), um sich wickelte, um sich damit zu bedecken [7]). Die Aegide Jupiters scheint in dem, was Homer Διος χιτων [8]) nennt, angedeutet zu seyn; weil Minerva es nimt, um sich damit zu bewafnen.

Herodot lehrt uns den Ursprung der Aegide: sie entstand aus den Ziegenfellen, womit sich die Libner bekleideten, und deren Stricke von den Dichtern in Schlangen verwandelt worden [9]). Die Sitte sich mit Ziegenfellen, in Ermangelung von Schilden, zu bewafnen, war vor Alters gewöhnlich. Pausanias erzählt [10]), daß ein Theil der Messener, die von ihrem berühmten König Aristodem angeführt wurden, sich solcher Felle in Ermangelung der Schilde bediente. Man wickelte wahrscheinlich die Felle um den linken Arm, wie es Alkibiades [11]) und Livius Grakchus [12]) machten, und wie Dimant mit dem Tigerfelle von Stazius [13]) vorgestellt wird.

Die Aegide würde indessen auf der Abbildung dieses Steines nicht der Meynung des Herrn Mariette widersprechen. Das Bild desselben Kaisers, auf dem berühmten Achat im Schaze von S. Denys zu Paris, hat die Lenden mit der Aegide bedeckt [14]); und es war auch eine Bildsäule von Julius Cäsar damit bewafnet [15]). Ein Brustbild von ihm sieht man auf einer Gemme, mit der Aegide bekleidet; und ein anderes Brustbild Tibers auf einer antiken Paste im Stoßschischen Kabinet [16]), ähnlich in diesem Stücke zwey Schaumünzen des Probus [17]). Ein marmornes Brustbild, vermuthlich von einem Kaiser, doch ohne Kopf, mit der Aegide bewafnet, ist in der Villa des Kardinal Aler. Albani. Es ist überhaupt bekannt, daß man den Bildsäulen der Könige und Kaiser die Symbolen Jupiters beyfügte; so war eine Bildsäule Alexanders des Großen in Elis [18]). Der Namen ΝΕΙϹΟϹ, des Steinschneiders dieser Gemme, findet sich auf keinem andern Kunstwerken.

III.

Jupiter, der auf die Giganten blizt, auf dem folgenden vorzüglichen Kameo des farnesischen Kabinets Nr. 10. zu Neapel, Nr. 10., mit dem Namen des Steinschneiders ΑΘΗΝΙΩΝ, hat eine Blume auf der obersten Spize seines Zepters. Mit demselben Zierrath findet sich der Zepter der Juno auf verschiednen Münzen [1]). Vom Gesichte dieses Jupiters kann man sagen, was Seneka vom Pluto sagt:

— Vultus est illi Jovis,
Sed fulminantis.

Kaseud. Herk. V. 723.

Einer von den beiden Titanen, die man auf der Erde ausgestreckt sieht, ist Meneyius, vom Blize getroffen [2]). Die Titanen, die die Fabel aus der Erde geboren angiebt, werden mit zwey Schlangen statt der Beine gebildet, in Anspielung auf ihren fabelhaften Ursprung, um sie den kriechenden Thieren und Gewürmen, die aus der Erde selbst entsprungen scheinen, ähnlich zu machen. Pherecydes der Syrer stellte sich die Götter so gestaltet vor, um ihre leichte und schnelle Bewegung, woran man nicht leicht eine Spur erkennet, auszudrücken

---

12) Onomastik. B. VII. Segm. 94.
1) Descr. des pier. gr. du Cab. de Crozat, p. 49.
2) Pausan. V, 24. VIII, 23.
3) Vaillant Num. Famil. n. 21.
4) Pausan. X, 14.
5) Herodot B. V. p. 209. l. ult.
6) Ueber Phänom. V. 151.
7) Ueber Kallimach. H. auf Jup. V. 49. p. 19.
8) Il. E V. 736. Eustath. darüber, p. 600. l. 3.
9) B. IV N. 189.
10) B. IV, N. 11.

11) Plutarch Alkibiad. p. 388. l. 4.
12) Livius B. 15. Kap. 16. Scaliger Conject. in Varr. p. 10.
13) Theb. B. X V. 406.
14) Montfauc. Ant. expl. t. VI. pl. 127.
15) Anthol. B. V. p. 326. l. 25.
16) Descr. d. p. gr. d. C. d. St. p. 442. n. 225.
17) Denuti Num. muf. Alb. Vatic. t. II. tab. 92.
18) Pausan V, 24. in F.
1) Golz Gracc. tab. 16, 21. Beger spicil. ant. p. 38.
2) Apollodor. Bibl. B. I. p. 3. b. l. 7.

Zweyter Abschnitt. Von besondern Gottheiten.

drücken ³). Von derselben Vorstellung schreibt sich wol die Abstammung des Namens Proserpina her, die Varro ⁴) macht, der behauptet, sie hätte diesen Namen daher bekommen, daß sie schlangenweise bald rechts bald links ginge. Eine ähnliche Idee muß auch der uralte Bildhauer des Kastens des Cypselus gehabt haben, da er den Boreas mit Schlangenschwänzen statt Füsse darauf bildete ⁵).

Doch geben die Schriftsteller weder die Gestalt, noch die Anzahl der Titanen genau an. Die Gestalt lernen wir von den alten Kunstwerken, aber mit einiger Verschiedenheit: auf unserm Kameo fängt der Schlangentheil den Gürtel an; von den Knien aber, auf einem Sarkophag bey dem Bildhauer Penna, wo zehn kämpfende Titanen, aber ohne die Götter, erscheinen.

Im Kabinet des römischen Kollegiums bewahrt man eine silberne Pallas in erhobener Arbeit, die auf den Enkeladus, einen der Titanen, blizt; dieselbe Abbildung findet sich auch auf geschnittenen Steinen und Münzen ⁶).

IV.

Einzig kann man die Abbildung in dem Basrelief Nr. 11. nennen, welches Eine Seite eines drey= Nr. 11. eckigten Altars, in den Erdgewölben der Villa Borghese, ausmacht. Man sieht einen Jupiter abgebildet, der auf einem Centaur da sitzt,

>   Qua jungit hominem spina deficiens equo.
>   Seneca Herk. auf Oeta. V. 905.

Der Centaur hält auf der rechten Hand einen Damhirsch (Daino). Auf einer der beiden andern Seiten sitzt eine Göttin, der der Kopf fehlt, und wird von Scylla und einem andern Seeungeheuer getragen. Auf der dritten Seite sind zwey weibliche bekleidete Gestalten gebildet, wovon eine die andere auf dem Rücken trägt; aber beide sind so verdorben, daß man sie nicht erkennen kann. Man könnte vielleicht sagen, Jason sey hier in weiblicher Kleidung abgebildet, wie er zum erstenmal in Jolkus erschien, als er Juno durch den Fluß Anauros auf dem Rücken trug ¹).

Vor einiger Zeit glaubte ich nicht hinlängliche Nachrichten zu haben, um einen so wenig bekannten Gegenstand zu erklären, als dieser Jupiter ist, der einem Centaur auf dem Kreuz sitzt; und darum nannte ich dieß Kunstwerk eines der schwersten zu erklären ²). Allein, da mir die Nachricht von einem Jupiter Κυνηγετης, dem Jäger ³), auffließ, und daß er auf einigen Münzen von Tralli, einer Stadt in Lydien, und auf den Münzen von Mida, einer Stadt in Phrygien ⁴), so gebildet ist, wo die Figur dieses Gottes von drey Jagdhunden begleitet wird: so urtheilte ich, daß diese Idee sich zu dem gegenwärtigen Basrelief passe.

Unstreitig ist der Centaur als Jäger vorgestellt, wie die Damhirsch den er hält, es anzeigt; um uns die Jagdlust, die allen Centauren eigen war ⁵), anzuzeigen. An einer der Bildsäulen, die ehemals dem Kardinal Furietti, iezt zum kapitolinischen Kabinet gehören, scheint der gekrümmte Hirtenstab (Λαγωβολος), den sie hält, gleichfals ein Sinnbild der Jagd; da, wie ich anderwärts angezeigt habe, der Λαγωβολος ein Stock ist, womit man nach den Hasen warf.

An unserm Marmor ist abgesprungen und fehlt das Gesicht des Centauren; und da man unter dem Kinne gar kein Zeichen von Bart entdeckt, so wurde bey der Zeichnung, um keine ungestalte Figur zu machen, der Kopf ergänzt, und zwar ohne Bart. Obgleich die Centauren sonst gewöhnlich bärtig gebildet wurden, so könnte man eben diesen ohne Bart für den Chiron selbst, den Bruder des Jupiters, wie uns Xenophon ⁶) lehrt, nehmen. Denn Chiron soll Jagdhunde von Apollo und Diana geschenkt bekommen haben, und fast alle berühmte Helden Griechenlandes ⁷), und unter andern Aktäon ⁸) und Achill ⁹), in der Jagd unterwiesen haben. Auf einem Gemälde, das Philostrat ¹⁰) beschreibt, bringt er seinem Pflegesohn Achill junge Löwen und Damhirsche, die er auf die Jagd gefangen, womit er ihn hernach, bey weiterm Jahren, selbst anführte ¹¹). Daher ist der Centaur als Gestirn, welches eben derselbe Chiron ist ¹²), auf der alten marmornen Himmelskugel im Palast Farnese, mit einem jungen Löwen in der Hand vorgestellt ¹³); nach der Beschreibung desselben Centauren, läßt ihn entweder junge Löwen oder andere wilde Thiere tragen: Agrestem praedam manu gerit ¹⁴). Daher war Chiron, wie wir vom Scholiasten des Aratus ¹⁵) lernen, ein Sinnbild der Jagd. Und dieselbe Ansicht haben ohne Zweifel die auf dem Nr. 37. beygetrachten Marmor in der Villa Nr. 37. Madama gebildeten zwey Adler auf einem Centauren, welche Schlangen mit dem Schnabel halten; da der Adler ein Raubvogel ist, der Thiere jaget, und da er auf Münzen verschiedner griechischer Städte, vornemlich

von

---

3) Act. Lips. vom J. 1750. p. 463.
4) De lingu. lat. l. IV. p. 17 L. 21.
5) Pausan. V, 19 init. [Doch kann es hier auch auf die Bildheit gehen. S. Heyne über d. Kasten d. Cypsel. S. 44. A. d. Ue.]
6) Descr. d. p. gr. d. C. d. St. p. 51.
1) Apollon. Argonaut. B. III. V. 67.
2) Descr. d. p. gr. d. C. d. St. Préf. p. 15.
3) Girald Hist. Deor. Synt 2. p 110
4) Hardvin Num ant. p. 171. B. edit. recent.
5) Joh. von Salisb. Polycrat. l. 1. c. 4. p. 15.

6) Von der Jagd. Kap. 1. §. 4.
7) Ebendas. §. 1, u. 2.
8) Apollodor Bibl. B. III. S. 93.
9) Baler. Flakk. Argonaut. B. V. V. 270.
10) B. II. Gemälde 2.
11) Statius Achill B. II. V. 389.
12) Theon. Schol. über Arat. Phänom. V. 441. p. 150, a. Scaliger über Manil. Sphär. p. 85.
13) Spence Polymet. Dial. 11. p. 175.
14) Avien. Phänom. Arat. V. 586.
15) Theon Schol. a. a. O.

von Girgent und Lokris [16]), einen Hasen in den Klauen hält. Wir wissen ferner aus der Fabel, daß Chiron die erjagten Thiere auf Jupiters Altar opferte [17]); und dieser Nachricht zufolge, könnte unser Centaur Chiron seyn, mit Bezug auf den Borghesischen Altar, der wahrscheinlich Jupitern geweihet war.

Man kann also diesen Jupiter, der den jagenden Centaur reitet, als Jupiter den Jäger ansehn; und dieser sein Beynamen scheint durch den Adler selbst angedeutet zu werden. So könnte man auch aus einem Adler, der einen Hirschbock unter sich hat, am Fuß einer Bildsäule Jupiters in derselben Villa Borghese, die in diesem Stücke einem Jupiter in der Villa Aldobrandini gleich ist, schliessen: daß in diesen Figuren Jupiter der Jäger hat sollen abgebildet werden. Selbst der Adler, der über der diktäischen Höle, worin Jupiter als Kind von der Nymphe Adrasta erzogen und ernährt ward, einen Hasen zerfleischt, wovon sich die Vorstellung auf einem Basrelief im Palaste Giustiniani [18]) befindet, könnte in Bezug auf unsere Abbildung gedeutet werden.

Das Gewand, womit Jupiters Haupt bedeckt ist, scheint den von Arnob [19]) sogenannten Jupiter Riziniatus anzudeuten, d. h. der sich einen Theil des Gewandes über den Kopf gezogen hat; dieser Theil hieß Ricinium, von: rejicere [20]), dem Herabziehen vom Kopfe. Diesen Jupiter, und einen Pluto auf einem Gemälde des Grabmals der Nasonen [21]), der auf dieselbe Art verschleyert ist, kann man die einzigen unter den grössern Gottheiten nennen, die man auf alten Kunstwerken so findet; denn es ist bekannt, daß der verschleyerte Kopf bey den Gottheiten unsers Geschlechts, als Kennzeichen des Saturns angenommen wird [22]). Doch ein alter ungenannter Schriftsteller [23]), der nach Arnobius lebte, lässt Jupitern auf die beschriebene Art sich das Haupt bedecken.

Unter den Gottheiten unsers Geschlechts ist, noch mehr als Jupiter der Jäger, Apollo Ἀγρεὺς, der Jäger, bekannt [24]); und so mit Hirschen und Hunden auf einer Münze abgebildet [25]).

V.

Nr. 12, 13. Denkmäler des lächerlichen Religionsdienstes der Heiden, sind zwey unter Nr. 12. und 13. beygebrachte Köpfe: der erste auf einer alten Paste, der andere auf einem geschnittenen Stein; beide im Stoschischen Kabinet [1]), und beide Abbildungen des Jupiters, den die Griechen Ἀπόμυιος, und die Römer Muscarius nannten, d. h. des Jupiters, dem man das Geschäft beylegte, die Fliegen zu vertreiben. Dieser Religionsdienst ward bey der Gelegenheit eingeführt, als Herkules dem olympischen Jupiter in Elis ein Opfer brachte, wo er, von den Fliegen gequält, diesen Gott bat daß sie zu verjagen; von da blieb unter den Eltern die Verehrung Jupiters des Fliegenscheuchers. Eine Abbildung, der auf der genannten Paste ähnlich, findet sich auf einem geschnittnen Stein; Bellori [2]) erklärete sie durch die Sonne, deren Hitze den Honig verfeinerte, und hielt die Füsse der Fliege für Sonnenstralen.

VI.

Einzig ist eine kleine Bildsäule Jupiters in der Villa des Karbinals Alex. Albani, unter deren Sockel ein Wiesel (Mustela, γαλῆ) gehend abgebildet ist. Dieses Thier, als Sinnbild bey Jupitern, findet sich bey keinem Schriftsteller erwähnt; und ich wüßte nicht, was ich davon sagen solte, wo es anders nicht Bezug auf die Galantria hat, die als Sklavin der Alkmena, ihrer Frau bey Gebährung des Herkules Jupiters Sohn behülflich war, und daher von der gegen Alkmena eifersüchtigen Juno in die Gestalt des genanten Thieres verwandelt ward [3]).

Drittes Kapitel.
Juno.
I.

Nr. 14. Ich zweifle nicht, daß, wenn man die Bildsäule in Lebensgröße, Nr. 14., die sich im päbstlichen Garten auf dem Quirinale befindet, betrachtet, man sie für Juno die den Herkules saugt, nehmen wird; so wie ein griechisches Sinngedicht [1]) uns lehrt, daß sie vor Alters gebildet war. Das Diadem unterscheidet Juno von der Nymphe Adrastea, die Jupitern die Brust gab [2]), und auf einem Basrelief im Palast Giustiniani gearbeitet ist [3]); wie auch von den Pflegemüttern anderer Gottheiten. Die Fabel sagt: daß Herkules als Kind die Warze an Junos Brust zerrte, und daß aus der dadurch verspritzten Milch die Milchstrasse entstand.

---

16) Gori Magn. Graec. tab. 10, 26.
17) Germ. Phänom. Arat. B. 309.
18) Bartoli Admir. ant. tab. 26.
19) Arnob. adv. gent. B. VI, pag. 209.
20) Varro de ling. lat. B. IV. p. 30.
21) Tab. 8.
22) Descr. d. p. gr. d. C. d. St. p. 33.
23) Mart. Kapell. de nupt. Philol. B. I. p. 17. l. 23.

24) Plutarch Ερωτικ. p. 1348. l. 25.
25) Tristan Com. hist. t. II. p. 143.
1) Descr. du Cab. de Stosch. p. 45.
2) Num. apibus insignes. tab. 7. n. 2. p. 422.
3) Ovid Metamorphos. B. IX. B. 306, 310.
1) Anthol. B. IV. Kap. 12. p. 333.
2) Kallimach. Hymn. auf Jupiter B. 47, ss
3) Bartoli Admir. ant.

Zweyter Abschnitt. Von besondern Gottheiten.

II.

In der Vorrede zu der Beschreibung der geschnittnen Steine im Stoschischen Kabinet ¹) hab' ich eine weibliche Gottheit mit der Zange in der Hand gedeutet, sie findet sich in der Villa Borghese auf dem dreyeckigten Tisch von hetrurischem Stil, wovon ich hier Nr. 15. eine der drey Seiten gestochen liefere. Nr. 15.

Die Göttin steht gegen Minerva gewandt, und auf den ersten Blick glaubte ich, es sey in ihr diejenige Minerva abgebildet, die sich Anfangs sehr spröde gegen die dringende Liebe Vulkans bezeigte, aber am Ende nachgab ²). Allein, die von Kodinus ³) beschriebene Bildsäule der Juno, und eine Münze ⁴) die sie mit demselben Symbol und mit der Inschrift IVNO MARTIALIS vorstelt, lehrten mich die Wahrheit der Bedeutung. Doch kont' ich noch nicht den wahren Zusammenhang der Zange mit dem Beywort Martialis einsehen, denn was Kodinus und andre bey ihm sagen, befriedigte mich nicht; izt aber schmeichle ich mir, mich dem Wahrscheinlichsten genähert zu haben.

Die Zange, glaube ich, soll aus der Taktik der Alten, eine besondere Art, das Kriegsheer zu stellen, anzeigen, welche Serra, und serra praeliari, in Zangenform sechten ⁵) hieß. Ein Kriegsheer mit den Feinden vor sich und im Rücken, rückte ihnen entgegen von vorn und von den Seiten, mit den Flügeln in Gestalt einer Zange, um sie in die Mitte zu kriegen. Eine mündliche Ueberlieferung mag vielleicht der Juno diese Art des Gefechts zugeschrieben haben, so wie der Gott Pan der Erfinder der Phalanx hieß ⁶). Und die Aegide, womit Valerius Flakkus ⁷) Juno erscheinen läßt, und der Schild, womit Servius ⁸) sie zeigt, beweisen beide den kriegerischen Geist dieser Göttin.

Der vor uns seyende Altar erweitert sich von seiner obersten Grundfläche gegen den untersten Theil, nach Art der ägyptischen Altäre ⁹). Diese Gestalt, weil sie nicht sehr häufig bey den Griechen war, wird von Pausanias ¹⁰) bey einem Altar der Diana in Elis angezeiget.

Ich muß hier einer weiblichen Bildsäule von der Art deret, die man halb kolossalisch nent, erwähnen, welche im Hofplaz des Hauses Paganika steht. Ihr Kopf ist mit der Schnauze eines Löwenfelles bedeckt; das übrige Fell, welches gegerbt zu seyn scheinet, bedeckt den Rücken dieser Figur, wie ein französisches Jüpon; eine Tracht, die man an keiner andern Bildsäule bemerkt. Dieses Fell kömt auf der Brust zusammen durch eine lange Binde (eine ähnliche Binde hab ich im 18. Kapitel, Nr. 46. angegeben), und geht bis auf den Nr. 46. halben Rücken. Diese Bildsäule hat die Miene einer Gottheit; und ich wäre geneigt, sie für die Juno zu halten, aus Uebereinstimmung mit einer Bildsäule von dieser Göttin zu Argos, in Griechenland, zu deren Füssen ein Löwenfell gleichsam geschlagen gebildet war ¹¹). Vielleicht wird dieß die Juno seyn, die Euphorion ¹²) Petroon nent (ein von Niemand erkläres Wort), das er von ἔρια Leder ableitet; in diesem Falle müßte sie Petroon oder Pevon, die lederbekleidete Juno, heissen.

Viertes Kapitel.

Hebe.

Die Vorstellung auf dem Basrelief Nr. 16. ist Hebe, der Juno Tochter ¹), und Göttin der Jugend. Nr. 16. Ihr wurde das Amt ertheilt, den Göttern bey Tische den Nektar zu reichen ²), das vorher Mercur ausübte; denn man mit einem Becher in der Hand und gleichsam bei der würklichen Verrichtung dieses Amts, auf einem dreyeckigten Fußgestell sieht, wie ich an seinem Ort sagen werde.

Hebe ward nach einiger Zeit für unfähig erklärt, dieß Amt ferner auszuüben; und dieß, wegen des Unglücks, das sie gehabt hatte, in Gegenwart der Götter ungiemendlich und unanständig beym Nektarschenken zu fallen. Voll Kummer, sich ohne ihre Schuld dieses ehrenvollen Postens entsezt zu sehen, warf sie sich ihrer Mutter und den andern Gottheiten ihres Geschlechts zu Füssen, und bat um Vergebung ihrer Unvorsichtigkeit. Aber Jupiter hatte die Stelle schon an Ganymed vergeben, und alle Bitten der Hebe waren umsonst.

Man sieht Hebe zur linken Hand, knieend, mit aufgeschürztem Gewande; d. h. ihr Kleid ist vermittelst eines andern, das an den Seiten festgegürtet ist, heraufgezogen. So mußten die ben Tische Aufwartenden gekleidet gehen, um gewandt und schnell zu seyn; und so konte Hebe leicht mit Verlezung des Anstands des entblößt werden, und das zeigen, was die Schamhaftigkeit zu verbergen befiehlt.

In eben so kurzem und aufgeschürztem Kleide sind auf einem Basrelief im Kapitol, welches von dem Triumphbogen Mark Aurels genommen ist ³), und auf einer ehernen Bildsäule eben daselbst, die Kamilli vorgestellt.

---

1) p. 14.
2) Epigramm bey Spanheim über Kallim. p 644. Hygin Fabel 146. Tzetzes Schol. Lykophr. p. 16, a.l. ,1.
3) de Orig. Constant. p. 44.
4) Tristan Com. hist. t. II. p. 668.
5) Veget. B. III. K. 17. Vales. Anmerk. zum Ammian. B. 16. K. 12. p. 13. a. [Aber Serra heißt wol Säge, nicht Zange (tenaglia). A. d. Ue.]
6) Polyan. Stratagem. B. I. K. 2.
7) Argon. B. V. V. 188.

8) Cerda über Virgil. Aen. I v.
9) Vignor. Tab II L. Fig. B.
10) V p 412.
11) Tertullian de coron. milit. S. 124. B.
12) Etymol. Magn. und Suidas voc Petroon.
1) Odyss. λ. V. 602. Hesiod. Theog. V. 512. Pindar Nem. X. V. 32.
2) Iliad. δ. V. 2. Athen. Deipnosoph. B. X. S. 425. F.
3) Bartoli Admir. Rom. Taf. 9.

12 **Erster Theil. Götterlehre.**

gestellt. Dieses waren Jünglinge, die bey den Opfern dienten [4]); und ihr Namen kam von ihrem Amte selbst, denn Kamillus oder Kasmillus heißt im Hetrurischen ein Bedienter.

Das aufgelöste und schlichte Haar der Hebe zeigt vorzüglich ihren Stand als Bittende an; wie auf der Bühne die weiblichen Masken, welche die Nachricht eines Unglücks brachten, die Haare auf die Schultern herabfallend trugen [5]). Ferner erscheint Hebe hier ohne Diadem, das Pindar [6]) ihr von Gold giebt.

Sie scheint, um Vergebung von den Göttern zu erhalten, zuerst die Fürsprache derjenigen Göttin zu erbitten, hinter welcher sie sich neiget; und vielleicht hat der Bildhauer hierin einen Religionssaz der Alten ausdrücken wollen, nach welchem eine Gottheit auf das Bitten einer andern nachgiebt und ihr willfährt [7]). Aber diese Göttin scheint hart und unerbittlich, und wendet auch nicht einmal den Kopf zu der Demuthsbezeigung der Bittenden; sondern hält statt dessen den linken Arm auf ein Gefäß gestüzt, gleichsam um es zu bedecken. Sie könte also Ceres vorstellen, die in Achaja unter dem Namen Ποτηριοφορος, die Kelchträgerin, verehrt ward [8]); wie man diese Göttin auch auf einem geschnittnen Stein mit einem Trinkgefäß in der Hand sieht [9]).

Doch da das Gefäß auf unserm Marmor keinem Becher gleicht, so wäre ich der Meynung, daß in dieser Figur die Bona Dea, die auch Ops, Rhea, Fatua, Fauna hieß, vorgestellet sey. Denn man kann als ihr eigenes Sinbild ein grosses Trinkgefäß [10]) ansehn, nehmlich ein Gefäß, worin Wein mit Honig vermischt ward, welches bey ihr gebrachte Libazion oder ihr Opfer war [11]); und darum heißt Rhea auch bey den Scholiasten des Nikanders [12]) Κρατηροφορος. Sie kann durch dieß Attribut die Geberin der Gaben und Wohlthaten vorstellen sollen; denn man sieht beym Aristides [13]) die Wörter Κρατηρες und χαριτες als gleichbedeutende verbunden: επισταχη κρατηρων και χαριτων απασιν.

Die Bona Dea scheint allegorisch abgebildet zu seyn. Denn, da sie die Göttin der Schamhaftigkeit war, von deren Festen alle Männer ausgeschlossen waren: so kann ihre Gestalt sowol auf die gleichsam enthüllte Schamhaftigkeit der Hebe Bezug haben, als auf das Fürwort, das Hebe in einem Fall für die Scham betraf, von ihr erwarten konte.

Hätte ich den wahren Sinn dieser Figur getroffen, so liesse sich daraus schliessen, daß der Bildner dieses erhobnen Werkes kein Grieche, sondern ein Römer gewesen sey; weil die Bona Dea den Griechen unbekant war [14]). Wolten also die Römer sie auf griechisch nennen, so bildeten sie ihren Namen nach griechischer Aussprache; dieß beweist eine griechische Grabinschrift in Versen auf ein römisches Kind, mit Namen Aurelius Antonius, welche sich in der Villa des Kardinal Alexander Albani befindet, und von dem Jesuiten Pater Oderiko bekant gemacht ist [15]). Doch hat er den Namen der Göttin, der da in der dritten und vierten Zeile steht, nicht gefaßt: BONA ΔIHC, im Genitiv, worauf das Verbindungswort EITA folgt. Er macht einen Sinn daraus, der ganz von der wahren Leseart abgeht; denn er theilt das Wort BONA, erklärt das BON für BONO DEO, sezt das A zu dem folgenden Worte ΔIHC, und fügt dazu auch noch das Verbindungswort EITA, das er EIIA liest, und macht das Wort Αειδησεια daraus, wovon doch weder er noch irgend ein anderer einige Bedeutung, geschweige eine passende, angeben kann.

Juno sizt dieser Gottheit gegenüber. Die Figur mit dem flatternden Gewande kann man für Iris halten, die Juno zur Seiten abgebildet zu werden pflegte [16]); sie ist vielleicht mit einem solchen Gewande vorgestellt, um die Schnelligkeit anzudeuten, mit welcher sie, als Botschafterin der Götter — Ιρις bedeutet einen Boten [17]) — und vornemlich den unglücklichen Aufträge [18]), derselben Befehle ausführet. Vielleicht soll auch durch die Iris und das flatterndes Gewand, das gleichsam der Wind beweget, ihr Liebeshandel mit Zephyr ausgedrücket werden, woraus Amor geboren seyn soll [19]). Hier scheint sie die Nachricht, daß Hebens Amt dem Ganymed ertheilt worden, überbracht zu haben, und der Juno Befehle darüber zu erwarten. Spence [20]) hat dieselbe Iris in der Figur auf einem erhobenen Bildwerk in der Villa Medici zu erkennen geglaubt; allein dieß Kunstwerk befindet sich in schlechtem Zustande, und ist von demjenigen, der es für den genanten Verfasser abgezeichnet hat, nach Gutdünken ergänzet worden.

Der auf einem hohen Stuhl sitzende Jupiter, setzet seinen linken Fuß auf eine Kugel, um seine Regierung über die ganze Welt abzubilden. Eben so findet er sich auf Münzen, mit der Benennung PRAEF. ORB. [21]), die man Praefectus Orbi deuten kann; aber unter Marmorwerken ist der Jupiter dieses Kunstwerkes der einzige von der Art. Ein Jupiter als Kind, zeigt sich noch auf einer Weltkugel sitzend, auf einer Münze von Trajan [22]).

An

---

4) Dionys. Halik. B. II. p. 90. Huet. dem. evang. prop. 4. p. 75. B.
5) Pollux Onom. B. IV. Segm. 139.
6) Olymp. VI. B. 96. Pyth. IX. B. 192.
7) Porphyr. de abstin. anim. B. II. p. 195. Dorville über Charit. p. 519.
8) Athen. Deipnos. B. XI. p. 461. D.
9) Descr. du Cab. d. Stosch. p. 69. N. 235.
10) Juvenal Sat. II. V. 86.
11) Makrob. Sat. B. I. K. 12. p. 205.
12) Alex. V. 217.
13) Rede gegen Asklep. Opp. t. I. p. 72. D.
14) Plutarch καψ. κατανχ. Röm. S. 478.
15) Syllog. vet. Inscr. p. 177.
16) Albrik. de Deor. Imag. K. 11.
17) Odyss. ε. V. 6.
18) Serv. Aen. B. V. V. 606.
19) Plutarch Ερωτ. S. 1365.
20) Polymet. Taf. 34.
21) Spanheim de praest. num. t. 2. p. 485.
22) Tristan Comm. hist. t. 2. p. 253.

Zweyter Abschnitt. Von besondern Gottheiten.

An Jupiter angelehnt steht Ganymed, von ihm geliebkoset, und schon des neuen Amtes versichert; unter dem Schutze noch einer Göttin, die kein anderes Abzeichen, als den Zepter hat, und Vesta bedeuten könnte. Diese Gottheit scheint dazwischen zu kommen, und sich Jupitern zu nähern, wie seine Schwester [23]. Andre machen sie zu Jupiters Amme [24]; noch Andre aber, kraft ihres Namens, zur Haushofmeisterin bey den Göttern [25]. Die genaue Verbindung zwischen diesen beiden Gottheiten, beweist auch der Schwur mit der Anrufung Jupiters und Vesta, bey dem festen feierlichen Bündniß der Lygier und Dlunter [26]. Jupitern selbst, in sofern ihm Vesta beysteht, scheint das homerische Beywort εφεσιος zuzukommen; so auch das συνεςιος beym Aeschylus [27], das einen Hausgenossen [28] bedeutet. Beide kommen von Εςια, Vesta, her.

Ich bemerke hier folgende Stelle des Aristides [22], die Wilh. Kanter falsch übersetzt hat: Εγω γαρ ευξαιμην αν μαλιϛα μεν και παρα τοις αλλοις ευδοκιμειν. Ich wünsche vorzüglich, sagt dieser Schriftsteller, bey andern Leuten in guter Meynung zu stehn. Er fährt fort: την δ᾽εν αρχην αφ᾽ εςιας ειναι μοι, και πειθειν πρωτον εμαυτον, και μη το τε κυνος εν τῳ μυθῳ παθειν. Von meinem eignen Hause aber anzufangen, und mich selbst zuerst zu überzeugen; damit es mir nicht, wie dem Hunde in der Fabel, gehe. Der genannte Uebersetzer giebt die Worte: την δ᾽εν αρχην αφ᾽ εςιας ειναι μοι, durch ut initium a Vesta sumerem; allein, der Schriftsteller gebrauft dieser Göttin mit keiner Silbe. Die Redensart: αφ᾽ εςιας wird immer gebraucht, um etwas Häusliches, Eigenthümliches anzuzeigen; so sagt Aeschylus [30]: αφ᾽ εςιας μυϛος, ein im eignen Hause begangener Frevel; αφ᾽ εςιας συϑεις [31], aus der Heimath gezogen. Platon und andere Schriftsteller bey ihm [32], ertheilen dieser Redensart das Ansehn eines Sprichwortes, gerade so, wie Aristides sie in der vorliegenden Stelle gebraucht. Platon [33] sagt: αλλ᾽ ουκ αφ᾽ εςιας αρχομεθα τον νομον, doch fangen wir nicht das Gesez von unserm eignen Hause an. Uebrigens habe ich von dem Zepter, als dem eigenthümlichen Attribut der Vesta, oben im Dritten Kapitel [S. 4. und 5.] geredet.

Fünftes Kapitel.
Minerva.
I.

Von grossem Wehrte ist die Bildsäule der Minerva in der Villa des Kardinal Alex. Albani, Nr. 17.; nicht Nr. 17. blos in Absicht auf die griechische Bildnerey vom ältesten Stil, und die gänzliche Vollendung der Arbeit, wovon ich in der vorläufigen Abhandlung geredet habe; sondern auch in Absicht auf die Aegide und den Gürtel.

Diese Aegide zeigt mehr, als jede andre, woher sie ihren Namen hat, nemlich von dem Wort Αιγις, Ziegenfell, und besonders von der Amaltheischen Ziege [1]; da man hier Minerva nicht allein an der Brust, sondern auch am Rücken damit bedeckt sieht, so wie man auf geschnittenen Steinen und Vasen einige Schafer mit einem Felle bekleidet findet. Hinten reicht ihr die Aegide bis auf die Beine; und so lang pflegten auch die Felle bey den Schäfern zu seyn. Von derselben Gestalt ist die Aegide einer Minerva auf einem geschnittenen Stein, den ehemals der Ritter Odam in Rom besaß, und auf einer antiken Lampe [2]; sie hängt ihr daselbst, wie ein Mantel, auf dem Rücken. Der vordere Theil der Aegide bey unsrer Statue ist wie Schuppen gearbeitet, und hat einen Medusenkopf in der Mitte; dieses Kopfes hab ich bey Gelegenheit eines Basreliefs, Nr. 136, Erwähnung gethan.

Die Aegide ist nicht bloß mit Schlangen umsäumet, κραϛπεδωτον οφεσιν [3], sondern der Gürtel selbst, der den untern Theil der Aegide auf dem Rücken zusammenziehet, besteht aus Schlangen; und dieser Gürtel, so wie die Gestalt der Aegide, unterscheidet diese Bildsäule der Minerva von dem größten Theil ihrer sonst bekanten Abbildungen. Bey einem sehr schönen Sturz (Torso) einer Minerva im Kleinen, den man bey dem Bildhauer Hrn. Bartol. Kavaceppi sieht, besteht der Gürtel gleichfals aus zwey Schlangen.

Gemeiniglich bedeckt die Aegide die Brust der Minerva, und dient ihr zum Harnisch; daher ist αιγις und θωραξ, Panzer, beym Hesychius Eins. Allein in manchen Abbildungen giebt sie der linke Arm der Göttin mit der Aegide statt eines Schildes bewafnet; und so sieht man es auch bey einer sehr schönen marmornen Bildsäule Minervens, von natürlicher Größe, und von altem Stil der Kunst, in der herkulanischen Sammlung. Diese zum Kampf, wahrscheinlich gegen die Titanen, gerüstete Minerva trägt die schuppichte mit Schlangen umsäumte Aegide am Halse befestigt, gerade so wie die Griechen zur Zeit des trojanischen Krieges sich den Schild mit einem ledernen Riem, der πορπαξ [4] hieß, am Halse festbanden; denn damals hatte man

---

23) Ovid Festkal. VI, 286.
24) Ennius beym Laktanz Inst. Div. I. 1. c. 14.
25) Orpheus H. Vest. V. 2.
26) Reines Inscript. p 201.
27) Agamemn. V. 712.
28) Sophokles Ajax, V. 45,1. Suidas: Ἡρακλες.
29) Orat. contra prod. myster. in f. Werken, t. 3 p. 690. B.
30) Choephor. V. 699. [Aber αφ᾽ εςιας gehört wol nicht zu και μυϛος, sondern zu ϑυειν, vom Hause verbannen, wegtreiben. A. d. Ue.]
31) Pers. V. 864.
32) Philo legat. ad Caj. p. 995. Plutarch de ser. num. vind. p. 549.

33) Kratyl. p. 401. [Die Stelle heisst: αλλοι ει αφ᾽ Εϛιας αρχομεϑα κατα τον νομον. Laß uns also bey der Vesta, nach alter Sitte, anfangen. Die Rede ist allerdings von der Göttin selbst, und von der Etymologie ihres Namens. A. d. Ue.]
1) Joh. Diakon. Schol. zu Hesiod. ανϑ. Ἡρακλ. V. 200.
2) Bellori Lampen, p. 2. t. 38.
3) Euripid. Jon. V. 1423.
4) Herodot. 1. p. 44. 1 10. [Lessing will, daß οχανον oder οχανη den Armriemen, πορπαξ aber die Handhabe bedeute. Antiqu. Br. Th. II. S. 51, f. So hatte der alte Hulärich keinen eignen Namen. A. d. Ue.]

man noch nicht an die Bequemlichkeit gedacht, inwendig einen Riem (ὀχανη) zu haben, worein man den Arm steckte. Hiermit vergleiche man, was bey Nr. 109 gesagt ist. Denn im Gefecht drehte man den Schild, um sich den linken Arm zu bedecken; und ausser dem Gefecht hing der Schild theils am Halse, theils über der Brust; beym Marsch endlich, auf dem Rücken. Auf die Art trugen die Spartaner ihre Schilde bis auf die Zeiten des peloponnesischen Krieges; es war der spartische König Kleomenes, der es befahl, daß man den Schild nicht mehr an einem Bande gebunden, sondern an einem Armriemen tragen sollte. ⁵)

Uebrigens sieht man auch im Kupferstich dieser Statue, daß etwas am Kopfe ganz oben fehlt; es ist mit dem Meissel weggenommen, um ihr den Helm aufzusetzen, der wahrscheinlich von Erz gewesen seyn wird.

Was bey der Minerva von den Schultern auf die Brust herabgeht, und im Kupferstich Bündel zu seyn scheinen, sind Haare, die aus dem untersten Ende des Helmes hervorkommen; hinten fallen sie vom Kopf herab, nicht in Locken, sondern den vordern ähnlich, und scheinen unten geradlinicht abgeschnitten zu seyn. Eben solche Haare hat in der Gallerie des Großherzogs von Toskana eine eherne Figur, die Gori für eine Diana hält ⁶); und eben solche hat die Minerva auf einem Basrelief von gebrantem Thon ⁷). Das Haar der Bildsäule ist etwas über eine Spanne (Palmo) lang, und erstreckt sich in gleicher geraden Richtung. Man findet kein Band daran; vielleicht war das unter dem Helm, der ihr den Kopf bedeckte, verborgen.

Man muß merken, daß fast alle Bildnisse dieser Gottheit das Hinterhaar mit einer Schnur zusammengebunden haben; von diesem Bande an fällt es dann, länger oder kürzer, auf den Rücken, entweder bloß herabgekämmt, oder in langen geringelten Locken, doch so daß es sich gegen das Ende ausbreitet. Darin nun besteht der Unterschied des Haares an unserer Statue von dem Haar der andern Minerven.

Von dieser den Bildnissen der Minerva eigenthümlichen Art, die Hinterhaare zu binden, scheint diese Göttin Aσμα παραπεπλεγμενα ⁸) benant worden zu seyn. Pollux erklärt diesen Ausdruck durch das Wort αναπεπλεγμενα, das heißt: die die Haare in Locken gelegt und gebunden hat; und diese Bemerkung dient, diese Stelle in dem genanten Schriftsteller zu erläutern. Der Umstand, daß das Haar an den Bildnissen der Minerva länger war, als bey andern Gottheiten ihres Geschlechts, scheint der Grund zu seyn, daß man bey ihrem Haare selbst Schnur ⁹).

II.

Nr. 18. Der Kupferstich Nr. 18. ist von einem alten Gemälde in den Bädern des Titus, das Franz Bartoli abgezeichnet hat; die Abzeichnung findet sich in der vatikanischen Bibliothek unter andern alten Gemälden, die von ihm gezeichnet und mit Wasserfarbe ausgemalt sind. Dieses und andre Gemälde in derselben Samlung, die von dem genanten Professor nicht bekant gemacht worden, sind wahrscheinlich von seinem Vater, dem berühmten Pet. Sante Bartoli zurückbehalten, und zwar wegen des Sujets, das er vielleicht nicht verstand.

Die sizende Göttin, mit dem Helm auf dem Kopf, ist offenbar Minerva; und die beiden Flöten, die sie in den Händen hält, zeigen die Pallas Musika an; wie eine von einem gewissen Demetrius gearbeite Bildsäule dieser Göttin genant ward, an welcher die Schlangen der Aegide jedesmal einen Ton von sich gaben, wenn ein Instrument bey ihnen gespielt ward ¹). Auf einem Basrelief in der Villa Belvedere zu Fraskati, und auf einer antiken Paste hat sich die Abbildung einer ähnlichen Minerva erhalten; sie steht, und hält in jeder Hand eine Flöte ²).

Was die Erklärung des Sujets bey diesem Gemälde etwas schwer macht, sind die beiden Figuren neben der Minerva.

Die Fabel erzählt, daß Minerva einst die Flöte blies, und dieß Blasen ihr die Wangen auftrieb und das Gesicht entstellte. Dieß sah Marsyas ³), oder wie Andere wollen, Juno und Venus ⁴), und gaben ihr den Rath: die Flöten liegen zu lassen, und wieder zu den Waffen zu greifen, als zu einer ihr anständigern und würdigern Beschäftigung. Sie selbst sah die Wahrheit dieses Raths ein, da sie sich in dem hellen Wasser eines Flusses spiegelte, und soll die Flöten weggeworfen haben ⁵), der Marsyas hernach auflas. Dieß war auf einem Basrelief abgebildet, das ehemals in Rom im Hause des Ottavio Kapranika war, und wovon sich die Zeichnung unter denen findet, die der Komtur von Pozzo gesammelt hat.

Zum theil zeigt sich dieselbe Fabel auf unserm Gemälde abgebildet. Minerva ist da, ohne ihre Aegide, ohne Schild und Lanze, gleichsam um ganz sie der Musik zu seyn. Doch hebt sie eine Hand auf, in der Bewegung eine von ihren Flöten wegzuwerfen. Die weibliche Person, die zu den Füssen der Göttin auf der Erde sizt, mit dem Ellbogen des rechten Arms auf eine Urne gestüzt, und die linke Hand ausgestreckt, gleichsam um die Flöten anzunehmen, scheint die Abbildung eines Flusses zu seyn; und in der That entdeckte Minerva, dem Properz ⁶) zufolge, die Häßlichkeit, die das Flötenblasen ihrem Gesichte zuzog, als sie sich im Fluß Mäander sah.

Es

---

5) Plutarch in Kleomenes. [τον αρπιδα φερειν δι οχανος, α δια πορπακος. Hiernach scheint doch der W., und nicht Lessing, Recht zu haben.]
6) Mus. Etr. tab. 35.
7) Ebendas. tab. 31.
8) Pollux Onomast. B. 2. Segm. 35.
9) Tibull. Eleg. l, 4. V. 22.

1) Plin. N. H. B. 34. p. 655. l. 10.
2) Descr. des p. gr. d Cab. d. St. p. 65. n. 211.
3) Tzetzes Chil. I. W. 364.
4) Hygin. Fab. 165.
5) Aristot. Polit. B. 8. K. 6. p. 227. l. 22. Plutarch περι μουσ. p. 811. l. 2. Ovid Fastal. VI, V. 699.
6) Properz Eleg. II, 33. V. 89.

Zweyter Abschnitt. Von besondern Gottheiten.

Es ist nicht gantz ungewöhnlich, Flüsse in weiblicher Gestalt zu sehen. H. Thomas Jenkins, ein Maler zu Rom, der öfter in diesem Werke genant wird, besaß einen solchen Fluß in schöner Manier, und mit den Attributen, die bey solchen Abbildungen zu seyn pflegen. Ein anderer Fluß in weiblicher Gestalt, mit dem rechten Ellbogen, wie gewöhnlich, auf eine Urne laufenden Wassers gestützt, und mit einem Schilfrohr in der linken Hand, ist auf einem Basrelief in der Villa des Kardinal Alex. Albani, wo Bachus auf einem Tiger reitend, nebst verschiedenen andern Figuren abgebildet ist. Doch erscheinet der Mäander auf Münzen beständig als ein bärtiger Mann; und als ein unbärtiger Jüngling nur auf dem einzigen mir bekanten Kunstwerk, das in diesem Werke Nr. 42. vorkömt. Man könte also eine solche Figur für eine Nymphe oder Najade des Flusses Mäander annehmen, indem die Wasserkrüge den Nymphen sowol wie den Flüssen zukommen [7]; wenn anders nicht hier durch die weibliche Gestalt die Quell des Flusses sinbildlich vorgestellt wird, da nemlich die Quellen gewöhnlich in weiblicher Gestalt abgebildet werden, wie ich in Absicht des Quells Alope bey Nr. 92. bemerkt habe.

Die beiden Frauen oder Göttinnen mit entblößter Brust, die zu beiden Seiten der Minerva stehen, sind mit grünen Blättern bekränzt; die zwar nicht gantz deutlich zu unterscheiden sind, aber doch dem Epheu zu gleichen scheinen. Das Frauenzimmer zur linken beweget ihre rechte Hand gegen das Gesicht, und scheinet mit dieser Geberde, der Minerva die ihr durchs Blasen verursachte Ungestaltheit anzudeuten; welches die gemeine Fabel dem Satyr beylegt.

Die andre Figur zur rechten strecket die Hand gegen die liegende Figur des Flusses oder des Quells, gleichsam Minerva zu rathen, sich darin zu bespiegeln, um sich von dem, was ihre Gespielin ihr anzeige, zu versichern.

Diese beiden Figuren können ihrer entblößten Brust wegen nicht für Musen gehalten werden; sie sind vielleicht Nymphen von einem Flusse, und Schwestern der dritten Figur. Der Epheu, der bey dieser das Haar umkräntzt, könte eine Anspielung auf die edlen Weine seyn, die in den Ländern, welche der Fluß Mäander wässert, wachsen.

Das Kleid der Minerva ist violetfarbig, und das über das Kleid gehende Gewand, das sonst himmelblau zu seyn pflegt, hier feuerfarben; und dieß vielleicht als Anspielung auf ihren kriegerischen Charakter. Auch die Spartaner, die mit Kleidern derselben Farbe in den Krieg zogen, hielten sie rothe Farbe dem Kriegeswesen eigen. So müsste man der Ceres ein gelbes Gewand geben, um an ihr diese Farbe des reifen Getreides auf dem Felde auszudrücken, worauf das Beywort ξανθη, gelb, anspielt, das Homer [3] dieser Göttin giebt. Der Gürtel der Minerva ist von Lackfarbe, und der Helmschmuk von der rothen Farbe ihres Gewandes. Von derselben Farbe ist auch der Federbusch auf des Turnus, und der andern Helden Helm beym Virgil [9]. Unter den barbarischen Völkern trugen die Celtiberen Federbüsche von dieser Farbe. [10]

So wie Virgil das Wort juba mit crista verwechselt, und crista setzt, wo er juba sagen solte, wie in diesem Vers:

— — — crista hirsutus equina

Aen. X, 865.

so hat auch der alte Maler sich die Freyheit genommen, den Helm der Minerva mit einem Federbusch zu zieren, da doch, nach beständigem Gebrauch der Heldenzeiten, es Pferdemähnen, ιππεκομοι κορυϑες [11], seyn müssen, wie man noch bey dem Helm der Minerva auf einigen Steinen und Münzen findet.

Die feinere Bekleidung, tunica intima [12], der liegenden Nymphe gleicht der Stahlfarbe, und kömt also mit der Bekleidung überein, die Virgil dem Tiberstrom giebt:

— Eum tenui glauco velabat amictu

Carbasus.   Aen. VIII, 33.

Das Gewand dieser Nymphe ist grün, wie die Flüsse bey den Poeten gekleidet zu seyn pflegen [13]; und beide Farben bedeuten das Wasser. Der Grund dieses und mehrerer Gemälde, die in derselben Lage abgezeichnet und von mir beygebracht sind, ist himmelblau.

Sechstes Kapitel.
Ceres.

I.

Ceres auf einem Altar, der sich in der Villa des Kardinal Alex. Albani findet, und von mir schon Nr. 6. Nr. 6. beygebracht worden, hält in ihrer rechten Hand ihre gewöhnlichen Sinbilder, das heißt, die Kornähren und den Mohn; aber sie unterscheidet sich von andern ihres Gleichen durch die Mütze oder Hut, den sie auf dem Kopf hat. Ein Hut solcher Art, glaub ich, hieß πυλη: das Wort kömt von πυλη,

welches

---

7) Pausan VIII. p. 664 l. 39.
8) Il. i. 500.
9) Aen. XII, 89.
10) Diodor von Sicil. V, p. 310, l. 12.

11) Sophocl. Antigon. V. 117.
12) Gell. N. A. X, c. 15.
13) Stat. Theb. IX, 354.

welches außer seiner eigenthümlichen Bedeutung von Stadtthor, auch einen Thurm, der die Stadtthore decket, bedeutete; und dieser Hut oder, um mit den Alten zu reden, diese Krone ward von ihrer Gestalt so genannt, da sie sich wie ein Thurm auf dem Kopfe erhebt, und wird vom Pollux [1]) unter dem weiblichen Schmuck mitgezählt. Panphilus und Alkman, zwey der ältesten Dichter, die Athenäus [2]) aufführt, behaupten, daß in Sparta das Bild der Juno mit dem πυλεων zu sehen war. Aber auch die Juno von Samos [3]), und die von Sardes auf den Münzen [4]), tragen einen ähnlichen Hauptschmuck. Daraus läßt sich die Meynung des Gori rechtfertigen, der [5]) eine Figur mit gleichem Puze, die sich auf einer Vase gemalt findet, eine Juno nennt. Hätte Haym dieses gewußt, er hätte kein Bedenken getragen, den mit gleichem Schmuck gezierten Kopf, der sich auf einer Münze von Argos [6]) geprägt findet, für die Juno anzunehmen. Eine Frau mit einem Gewande, und folglich in diesem Umstande unser Figur ähnlich, gemalt auf einer zusammengewickelten Windel in den Trümmern der Gräber der alten Stadt Tarquinia, die in der Nachbarschaft von Korneto entdeckt sind: diese Frau könte also dieselbe Gottheit vorstellen; oder auch die Ceres, deren verstümmelte Bildsäule in den Trümmern ihres Tempels zu Eleusis, nach Pokocks [7]) Erzählung, einen zirkelförmigen zwey Fuß hohen Zierrath auf dem Kopfe trägt. Was auf dem Kopf einer andern weiblichen Gottheit auf einer Münze [8]) ein Getreidemaaß zu seyn scheint, wird vielleicht dasselbe πυλεων seyn. Ferner ist der Hauptschmuck unsrer Ceres mit einem, wie es scheinet, Lorbeerkranze umwunden; und gleiche darin dem Schmuck der Juno bey dem kurz vorher angeführten Dichter Alkman, obgleich bey diesem das πυλεων umgebende Kranz von Blumen war. Wir bekommen also hieraus mehr Licht für diese Stelle des Athenäus, die deßen Erklärer nicht recht verstanden haben.

II.

Nr. 19, 20.

Schwer ist die Bedeutung der beiden Basreliefs Nr. 19. und 20. Allein ich schmeichele mir, solte ich auch nicht den wahren Sinn getroffen haben, mit Vergeihung, weil ich das zunächst wahre aufgefunden habe. Das erste Basrelief findet sich im Palast Albani zu Rom; das andere in der Villa des Kardinal Alex. Albani; beide von zwey Grabkisten abgesägt. In beiden sieht man eine bärtige mit dem halben Obertheil nackte Figur, auf einem Bette liegend, mit dem Elbogen auf die Kopfküssen gestüzt, und in der Stellung die sowol der Vers Ovids:

Et jacet in dextrum semisupina latus

anzeigt, als die griechische Redensart: τον αγκωνα θεσθαι [1]), und ορθιδα επ᾽ αγκωνος [2]), imgleichen διαγκωνισασθαι [3]). Auf demselben Bette sitzt eine Frau, und hat die Füße auf einem Schemel; in dem ersten dieser Kunstwerke hebt sie sich noch mit der linken Hand den Schleyer vom Gesicht auf, und ihr zur Seite steht ein Pferd.

In der mänlichen Figur dünkt es mich, eine Gottheit zu entdecken: an der Majestät des Gesichts, an dem Haupt- und Barthaar, und an der Nacktheit nach Heldensitte, wie die Götter pflegten abgebildet zu werden. Dennoch fehlt diesr Figur jedes Attribut, das uns eine Spur zur leichtern Erklärung geben könte. So fehlt es auch der weiblichen Gestalt an Abzeichen, woran sie könte erkant werden, außer dem Schemel, der bey fabelhaften Abbildungen fast immer eine Anzeige einer Gottheit ist. Auch könte man diesen Rang der Figur schon aus dem genauen und ruhigen Umgange mit der andern Figur schließen, welcher sie völlig so gleich ihm Range mit jener erhebt; denn Sterbliche durften ihre Augen nicht furchtlos oder ungestraft aufheben eine Gottheit anzusehn [4]). Nur das Pferd, das auf dem ersten Blick die Bedeutung dieser Kunstwerke noch dunkler macht, wird geben einiges Licht an, um sie aufzuklären.

Nach dem geflügelten Pferde Pegasus giebt es kein berühmteres und besungeneres Pferd in der Mythologie, als das welches Arion hieß. Die Fabel erzählet: daß Ceres, um Neptuns verliebten Nachstellungen zu entgehen, sich in eine Stute verwandelte; der Gott darauf auch Pferdesgestalt annahm, und so seinen Willen erreichte. Die Geburt aus dieser Begattung war das Pferd Arion, das mit der Fähigkeit zu reden begabt war. Die beiden Götterältern des Arions sind vielleicht die auf den beiden Kunstwerken; und die Mähne des Pferdes (in dem ersten Basrelief) bey dem Bette, worauf die beiden Figuren sitzen, scheint eine gewisse Vertraulichkeit anzudeuten, wie sie zwischen Kindern und Eltern ist.

Die vermuthliche Ceres hebt den Schleyer in die Höhe, wie die Bräute nach vollzogener Ehe. Das Bett würde also das Hochzeitbett, von den Römern genialis genannt [5]), seyn, über welches man einen besondern Genius [6]) annahm, der hier der nackte Knabe, mit der Schüssel, dem Sinbild der Genien, in der Hand, seyn würde. Es könte auch der Genius des Neptuns seyn, der ihm bey Tisch aufwartete, wie Apollo den seinigen hatte, der ihm zu trinken reichte [7]); und namentlich könt es der junge Pelops seyn, der, als die Götter in Lydien bey Tantalus seinem Vater schmausten, bey Tische aufwartete, den Neptun zur Liebe entflammte,

---

1) Onomast. V, 86.
2) Deipnos. XV, p. 678. A.
3) Tristan Com. hist. t. 1. p. 737.
4) Num. Mus. Pisan. tab. 23. cf. tab. 47, 54.
5) Mus. Etrur. tab. 167.
6) Haym Tes. Britan. t. 1. p. 231.
7) Descr. of the East, vol. 2. P. 2. p. 171.
8) Spanheim de proest. num. t. .1 p. 104.
1) Eurip. Hyll. V. 560.

3) Homer Il. α. V. 80.
2) Suidas: ἰυγκων.
4) Kallimach. H. auf Minerva, V. 100. Vergl. mit Bentley zu Horaz Oden II, 19. V. 6.
5) Festus: Genial. lect.
6) Menander beym Plutarch περι ευθυμ. p. 842. l. 26. und beym Klem. von Aler. Strom l. 5. p. 510. D.
7) Aelian V. H. B. I. K. 30.

Zweyter Abschnitt. Von besondern Gottheiten.

flammte, und nachher von ihm entführt ward ⁸). Auch könte diese Figur auf den Geschmack (geni¹), den der Verstorbene (weil das Basrelief von einem Sarge genommen ist) an Pferden hatte, anspielen; die Figur ist gleichsam in der Stellung, dem Neptunus Hippius ⁹), das ist, dem Erfinder und Beschützer der Pferde, ein Trankopfer (Libazion) zu bringen.

Ceres hält auf einem Stein des Stoschischen Kabinets ¹⁰) das Pferd Arion beym Zügel; und man glaubt, daß die Frau mit dem Diadem, die sich an ein Pferd hänget, in einem herkulanischen Gemälde, das mit den bloßen Umrissen auf einem Marmortisch gezeichnet ist, denselben Gegenstand vorstelle ¹¹).

Nimt man diese Erklärung für wahrscheinlich an, so wird auch das Besondere, was sich auf dem zweyten Basrelief findet, leicht werden. Dieses Kunstwerk hat Montfaucon ¹²) bekannt gemacht, ohne daß er irgend einen Sinn daraus zu gebrauchen; um es einigermaßen zu gebrauchen, stellte er es unter die Kunstwerke, worauf Figuren, die am Tisch sitzen, abgebildet sind.

Der Pferdekopf von mehr als natürlicher Größe, den man innerhalb eines Fensters sieht, hat dem genannten Samler der Alterthümer die größte Schwierigkeit gemacht; aber ich nehme ihn für den Kopf des in einem Stall geschlossenen Pferdes Arion an. Die vier weiblichen kleinen Figuren sind Nereiden, denen die Erziehung des Arion aufgetragen war ¹³). Als die erwähnte Zeichnung von dem obgenannten Schriftsteller gemacht ward, hatte die lezte dieser Nymphen ein Gefäß auf dem Kopf, vielleicht mit Wasser, um das Pferd zu tränken; dieß Gefäß sieht man izt nicht mehr, es ist vermuthlich seit der Zeit abgesprungen. Ein solches Geschäfte der Nymphen wird dem nicht ungewöhnlich vorkommen, der weiß, daß Andromache für Hektors Pferde sorgte, und ihnen Wein zu trinken gab, wenn sie müde waren ¹⁴). Die Heldenfigur zwischen den vermuthlichen Gottheiten, die in Montfaucons Zeichnung sieht, und die ist in dem Marmor, der gerade an der Stelle gebrochen ist, fehlt, mag etwa einer von den dreyen Besitzern des Pferdes gewesen seyn. Der erste war, nach Homers Scholiasten ¹⁵), Kopreus König von Aliarte in Böozien, der das Pferd von Neptun zum Geschenk bekam; er schenkte es dem Herkules, der es bey der Einnahme der Stadt Elis, und in dem Kampf gegen Cyknus, des Mars Sohn, gebrauchte; Herkules verschenkte es wieder an Adrast, König von Argos, den einzigen der sieben Helden vor Theben, der sein Leben auf diesem Pferde rettete.

Der Tisch vor dem Bette könte gewissermaßen auf die Meynung der Alten Bezug haben, nach welcher alles was von den Speisen des Tisches niederfiel, den Verstorbnen zukam und gehörte ¹⁶).

Siebentes Kapitel.
Diana.

I.

Der runde Altar in der Villa Borghese, hier Nr. 21, stellt Diana vor, in so weit sie Luna ist, das Auf- und Untergehn des Mondes, und das Gestirn, das vor ihm hergeht, und ihn begleitet. Nr. 21.

Es ist hier das Sichtbarwerden dieses Planeten auf unsrer Halbkugel sinbildlich ausgedrükt; er wird, so zu sagen, von dem Stern, der Venus heißt, verkündigt, welcher das erste Gestirn ist, das nach Sonnenuntergang am Himmel erscheint. In Rüksicht auf diese seine Erscheinung nanten ihn die Alten Hesperus ¹), den Abend; und in Bezug auf diesen Namen sieht man ihn in mehrern Kunstwerken als einen Jüngling mit erhobner Fackel, weil man ihn für den Sohn der Aurora und des Cephalus hielt ²). — Auf unserm Altar drükt diesen Stern das allein stehende Brustbild des Hesperus, mit einer aufgehobnen Fackel, aus. Derselbe Stern ist auch der lezte, der am Himmel verschwindet, wenn es Tag wird; und man kann also sagen, daß er die Morgenröthe, oder den Aufgang der Sonne verkündigt. In dieser Rüksicht hieß er Phosphorus, das ist, Licht- oder Tagbringer. Sein Verschwinden bey der Morgenröthe ist auf unserm Marmor mit der herabgesenkten Fackel, die auf der andern Seite des Denkmals ist, angedeutet.

Sowol der Mond, als die Sonne, verbergen sich nach dem Ausdruck der Dichter, in den Ozean, wenn sie von unserm Horizont verschwinden. Und dieses poetische Bild sieht man hier ausgedrückt an der Luna, die über einem ehrwürdigen bärtigen Kopfe ist, der den Ozean vorstellt, worein sich der Mond beym Untergehn tauchet, und worin sich die Fackel des Phosphorus auslöscht.

Das Abzeichen des Ozeans sind zwey Scheren eines Meerkrebses, die sich von beyden Seiten seines Kopfes über die Schläfen erheben, statt der zwey Stierhörner, die die Dichter sowol dem Ozean ³) als dem Neptun ⁴) beylegen. Mit denselben Krebsscheren sieht man den Kopf des Ozeans auf zwey Steinen in der Samlung des Großherzogs von Toskana ⁵); auf einem der Köpfe stüzt sich die Figur der Erde. Gori, der
sich

---

8) Pindar Olymp. I. V. 71. Philostrat. Icon. B. I. p. 789. l 12.
9) Pausan. VII. p. 577. l 5.
10) Descr. d. p. gr. d. C. d. St. p. 68. n. 231.
11) Pitt. Erc. t. I. tav. 3.
12) Ant. expl. t. 3. pl. 58. p. 113.
13) Klaudian Panegyr. de 4 Cons. Honor. v. 555.
14) Homer Il. 2. 187.
15) Ueber Il. ↓. 346. Vergl. Stat. Theb. VI. 301.
16) Athen. Deipnos. X, p. 427. E.
1) Cicero nat. deor. l. II. c. 20. Plin. H. N. l. II. c. 8, p. 150.
2) Hygin Astron. c. 42.
3) Eurip. Orest. V. 1378.
4) Hesiod. Θεογ. V. 400.
5) Mus. Flor. Gemm. t. II. tab. 2. n 1. tab. 52.

C

sich auf Fabretti's Ansehn verläßt, führt, wie dieser, zwey Bildsäulen im Farnesischen Palast, als Abbildungen des Nils an, und sagt nur kurz, sie hätten die Scheren auf dem Kopfe 6), die diesen Fluß bezeichneten. Aber, ausser daß die farnesischen Bildsäulen gar kein Attribut des Nils haben, so ist der Kopf der einen neu, und nach dem Kopf der andern, als ein Gegenstück, gearbeitet; und dieser andere ältere hat zwar auf der Stirn zwey Wurzeln, nur weiß man nicht, ob von Hörnern, oder von Scheren. Und wenn man das letzte auch wüßte, so müßten sie, nach dem was ich so eben gesagt habe, zwey Abbildungen des Oceans seyn. Die Krebsscheren sieht man auch auf dem Kopfe eines Tritons 7); ferner an dem Kopf oder Gerippengesicht in der Mauer unter dem gewölbten Gang der Kirche S. Maria zu Kosmedin. Auch die Flüsse haben dieses Sinbild mit den Bildnissen des Oceans gemein, wie die Gestalt des Jordans in einem alten Mosaikwerk 8) anzeigt: weil man glaubte, sie zögen ihren Ursprung aus dem Ocean. Darum hat auch Amphitrite, des Oceanus Gemalin, zum Abzeichen diese Scheren, auf dem Basrelief, das den Fall des Phaetons vorstellet, und Nr. 43. Nr. 43. beygebracht ist.

Bey den Figuren des Oceans sowol als der Amphitrite scheinen zugleich diese Krebsscheren gewissermaßen sinbildlich deren Herrschaft und Schutz über die Hafen des Meeres anzudeuten. Denn das Wort χηλη, Plur. χηλαι, Krebsscheren, bedeutet auch die zwey Arme eines Ufers (beym Aeschylus ποντιαι αγχαλαι), die einen Hafen bilden, und die zwey ins Meer laufenden Dämme des Hafens, die sich wie solche Scheren krümmen.

* * *

Auf einigen Münzen der Insel Delos, und auf einem Basrelief, das im Kloster S. Paul vor der Stadt steht, sieht man Diana auf einem Wagen, von zwey Ochsen gezogen; es waren der Sonne gewidmeten Ochsen 9). Auf einem Sarkophag in der Villa Panfili, und auf einem Basrelief in der Villa Borghese ist der Abend eben so abgebildet. Nachgezeichnet ist diese Abbildung von Balthasar Peruzzi aus Siena, auf einem von der grössern Gemälde das sich auf dem Boden eines untern Sales im Palast Farnesina befindet, wo der vierrädrige Wagen der Diana von zwey Ochsen gezogen wird. Die Ochsen scheinen sich allegorisch auf das homerische Wort βωλυτος zu beziehen, welches mit Abend einerley ist, und die Zeit bedeutet, da man die Ochsen vom Pfluge abspannet.

II.

In Bezug auf den vorhergehenden Altar, kann man das gegenwärtige thönerne Gefäß in der vatikanischen Bibliothek, Nr. 22. betrachten. Man siehe auf dessen oberen Theil die Sonne und den Mond angedeutet, auf einem vierspännigen Wagen, der auf einem Schiffe geht. Diese Vorstellungen sind der Gegenstand meiner Untersuchung; ich übergehe das, was auf dem Mittelstück des Gefässes abgebildet ist, wegen der Ergänzungen und der von neuer Hand eingestickten Figuren.

Die Figur der Sonne unterscheidet sich durch den Stralenkreis, den sie um den Kopf hat: er ist ohne Zweifel der älteste, der sich auf alten Denkmälern findet. Den Mond erkent man an den zwey Hörnern, die über dem Kopf hervorragen. Ferner stehn beide auf dem vierspännigen Wagen, der der Sonne eigen zu seyn pflegt; wie denn die Rhodier jährlich einen dieser Gottheit geweihten vierspännigen Wagen ins Meer stürzten 2).

Der Wagen unsers Gefässes steht wie ein Nachen, wie die Aegypter die Sonne vorstellen 2); und Isis, oder die Diana der Griechen (das ist der Mond) die man in einer Figur in der Villa Ludovisi, wo der Kopf fehlt, an dem Gewande erkent, das ihr unter der Brust ein Knoten zusammenhält, diese Isis hält den linken Fuß auf einem Fußgestell in der Villa Mattei (ich meyne das, worauf die Bildsäule der vorgegebenen Livia steht, richtiger der tragischen Muse, wie der Kothurn unter ihren Füssen anzeigt) auf diesem Fußgestelle, wo man einen ägyptischen Gottesdienst abgebildet sucht, ist gleichfalls eine kleine Figur in einem Schiffchen. Selbst einer Bildsäule des Antinous war, zum Sinbilde seiner Vergötterung, ein Schiffchen zugefügt 3).

Bey dem Gedanken, diese Gottheiten auf Schiffen wandeln zu lassen, scheint es, daß die griechischen Künstler diese Vorstellungsart von den Aegyptern angenommen, welche nicht bloß der Sonne und dem Monde Nachen gaben 4), sondern allen Göttern; wie man auf der issschen Tafel den Gott Apis in einem Nachen sieht; um ihre sanfte und gleiche Bewegung auszudrücken. Numenius beym Porphyr will sogar durch dieses Bild das Schweben des Geistes Gottes auf den Wassern, das im ersten Buch Mose vorkömt, erklären 5). Aus dieser allegorischen Lehre der Aegypter wird wahrscheinlich Thales, der in Aegypten reiste, seinen Satz von der schifsähnlichen Bewegung der Erde auf dem Wasser 6) genommen haben.

Unser Nachen hat am Hintertheil das Zeichen eines Auges mit den Augenbraunen, das man gewöhnlich am Vordertheil findet. Das Auge mit allen seinen äussern Theilen zeigt sich auf den Schifsvordertheilen an der Schifsschnabelsäule des R. Duillius im Kapitol; und auf sechs andern Schifsvordertheilen an einem

Zierrath

---

6) Fabretti Col. Traj. c. 9. p 304.
7) Uringh. Rom. subterr. t. I. l. 1. c. 10. p. 305. Ciamp. vet. monum. t. 2. p. 78.
8) Dio Kaff. B. 19. p. 845. Xiphilin. Sever. p. 300. l. 16. Kasaubon. Comm. in Strab. l. 3. p. 69. D. Vergl. Orvill. in Charit. p. 116. f.
9) Odyff. μ. 322.

1) Festus: octob. equus.
2) Mart. Kapell. de nupt. phil. l. 2. p. 43.
3) S. Epiphan. in Arch. n. 108. Vergl. zu Sena Cicognbrot. p. 72.
4) Porphyr beym Euseb. praep. evang. l. 3. c. 3.
5) Ders. de Nymph antr. p. 116, in f.
6) Seneca Nat. qu. l. 3. c. 13.

Zweyter Abschnitt. Von besondern Gottheiten.

Zierrath, der ehemals zu S. Lorenz außerhalb der Stadt stand, izt in der kapitolinischen Sammlung ist. An allen diesen ist das Auge über dem Schifsschnabel des Vordertheiles selbst gebildet. Gleichfals findet man Augen an dem Schifsvordertheil auf einer syratusischen Münze [7]), auf einer andern von dem syrischen König Demetrius [8]), und auf drey Münzen des Pompejus [9]); bey einer derselben, die sich im farnesischen Kabinet [10]) geschnitten findet, hat man nicht begriffen, was dieß Auge sey, und es hat da die Gestalt eines kleinen Zirkels mit Stralen rund herum.

Fabretti bringt ein Schifsvordertheil von dem genannten Zierrath abgebildet bey [11]), hat aber das Auge übergangen. So ist auch das Auge, das man sehr deutlich an dem Schifsvordertheil auf einem Gemälde in der herkulanischen Samlung [12]) sieht, in der Beschreibung des Gemäldes nicht bemerkt. Eben so wenig erwähnen es die Schriftsteller, die das alte Schifswesen aufgeklärt haben; und ich glaube also, daß dessen Bedeutung noch unbekant ist.

Wäre das Gefäß, wovon hier die Rede ist, ein ägyptisches Kunstwerk: so würde der Grund leicht anzugeben seyn; das Auge würde sich auf den Osiris, den ägyptischen Gott der Sonne, beziehen, weil das Bild eines Auges die Hieroglyphe von dieser Gottheit war [13]). Indessen hab ich ein gemaltes Auge an dem Vordertheil der italiänischen Felukken von Sizilien und Malta gesehn, ohne die Bedeutung davon erfahren zu können.

Zwey Pferde unsers vierspännigen Wagens, die die Pferde der Sonne sind, werden vom Merkur am Zaum gehalten. Man erkent Merkuren an seinem Stab (Kaduzeus), und an den beiden Flügeln am Haupt. Die Bedeutung geht auf den Planeten Merkurius, der beständig die Sonne begleitet, da die Geschwindigkeit in der Bewegung des einen Gestirns des andern fast gleich ist. Die kleine Figur auf der andern Seite des Wagens, die man nicht recht unterscheidet, scheint mit Schild und Degen bewafnet zu seyn, und könte den Stern Mars vorstellen. Wolte man sie aber als eine weibliche Gestalt ansehn, so könte man sie für die bewafnete (ενοπλιος) Venus halten, die mit entblößtem Degen tanzte; wie auch dem Schilde Achills bey Homer ein Chor Jungfrauen mit dem Degen an der Seite tanzte [14]). Auf die Art könte es das Bild des Sterns oder Planeten Venus seyn; des leztern, der vor der Morgenröthe verschwindet, und des ersten, der nach Sonnenuntergang erscheinet [15]). Von der gewöhnlichen Abbildung dieser Göttin in Waffen, hab ich im XVII. Kapitel, bey Nr. 41 geredet.

Auf den beiden Handhaben des Gefässes sind zwey Jünglinge gemalt, mit einem Kriegermantel (Paludamentum) der ihnen über den Rücken fällt, und den Vorderleib nackt läßt. Ihr Kopf ist mit einer zugespizten Müze bedeckt; sie halten den linken Fuß auf einem Schilde; indeß sie sich den Beinharnisch am selbigen Fusse befestigen. Die Müze zeigt, daß sie Kastor und Pollur sind; und ihre Figuren scheinen, wie ein Theil statt des Ganzen, den Thierkreis, den die Sonne zu durchlaufen hat, anzudeuten.

Dasselbe Gefäß ist von Montfaukon herausgegeben [16]); aber nach einer fehlerhaften Zeichnung; daher mußte er den wahren Sinn der Vorstellung noch mehr verfehlen. Er glaubte, die Figuren auf dem Wagen seyn Ceres und Proserpina; er nimt die kleinen Flügel auf Merkurs Kopfe für Hörner, und hält ihn daher für einen Satyr, der das eine Pferd beym Zügel fasse, um sie springen zu machen; er vergleicht die Müzen des Kastors und Pollur mit zugespizten Zuckerhüten, und verwandelt sie selbst in Diskobolos (Scheibenwerfer), da er an ihrem Fuß befestigten Beinharnisch für einen Diskus ansieht.

III.

Auf dem Basrelief in der Villa des Kardinal Alex. Albani, Nr. 23., worin eine fehlende halbe Figur, wie auch im Kupferstich bemerkt worden, ergänzt ist, erkent man die Göttin Diana an der Fackel; auch steht ihr, wie Jägerin, ein Hund zur Seiten. Durch dieß lezte gleicht sie der Diana des Kallimachus, deren Hund mit gespizten Ohren, aufmerksam auf ihren Ruf, steht [1]); auf dieselbe Art, wie der Hund dieses Kunstwerks ausgedrückt ist. Ferner erkent man unsre Diana an dem langen Gewande, welches in vielen andern Abbildungen von ihr aufgeschürzt zu seyn [2]), und ihr bis ans Knie zu gehen pflegt; eine Kleidungsart, die sie sich vom Jupiter ausbat, um zugleich das Wild verfolgen zu können [3]). Mit einem so aufgeschürzten Kleide wird Atalanta gemalt [4]); und Oppian [5]) verlangt ein solches für den Jäger. Doch findet sich auch Diana im langen unaufgeschürzten Kleide, sowol auf geschnittenen Steinen, als in Marmorwerken. In der Villa Mattei sieht man zwey Bildsäulen dieser Göttin mit dem Gewande bis auf die Füsse reichend; und eine andre ähnliche Diana steht im Gärtchen des Borghesischen Palastes; doch die schönste von allen langbekleideten Dianen ist in der Villa Panfili.

Ich bemerke hier im Vorbeygehn, daß der gelehrte La Cerda in seinem Kommentar über Virgils Aeneide, bey der Erklärung der Worte Nuda genu von der Venus [6]), den Ausdruck des Sophokles ευαρμοστον ανfüfret, aber seine Bedeutung nicht recht trifft. Er giebt es durch clathratum aut fenestratum seinum, und

---

[7]) Gori Magn. Graec. tab. 3. n. 7.
[8]) Derf. Graec. tab. 38.
[9]) Num. Reg. Christ. tab. 1.
[10]) Petrusi Tebr. Farnes. t. 6. tab. 1. n. 1.
[11]) Col. Traj. c. 4 p. 115.
[12]) Pitt. Erc. t. 1. tav. 46.
[13]) Makrob. Saturn. l. 1. p. 248.
[14]) Jl. c. 597. [Nicht Mädchen, sondern Jünglinge.]

[1]) Olympiodor. in Meteor. Aristot. p. 12.
[14]) Ant. expl. suppl. t. 3. pl. 35.
[1]) H auf Del. V. 110.
[2]) Prudenz. Stephan. p. 166. l. 17.
[3]) H. auf Diana, V. 11.
[4]) Der jüng. Philostrat. Icon. 15. p. 887. l. 4.
[5]) Cyneg. l. 1. v. 97.
[6]) Ueber Virg. Aen. l. B. 324. p. 66. A.

und nimt im Worte θυραιον eine metaphorische Redensart an; da es in der Bedeutung einer bloßen Thüre nicht auf das Wort μηχον (Lende) anwendbar finden, so verstehst er eine Gitterthüre darunter; ohne doch einen zusammenhängenden Sinn herauszubringen. Das Wort θυραιος bedeutet bey demselben Tragiker [7] einen der draussen ist; von Ajax, der aus seinem Zelte gegangen war, sagt er: Αιας θυραιος. Dasselbe Wort findet sich oft beym Aeschylus [8]); auch gebraucht Euripides [9] es in demselben Sinne. Es ist gleichbedeutend mit θυραθεν, das vom Hesychius und Suidas durch εξωθεν, heraus, ausserhalb, erklärt wird; und mit θυραζε, und εκτος als Adverbium genommen, bey dem angeführten Sophokles [10].

Nun zu unserm Kunstwerke zurück! Diana trägt daselbst eine lange Fackel, wie auf andern fast ähnlichen Basreliefs in derselben Villa. Die Fackeln wurden ihr, dem Eratosthenes zu folge, beygelegt, in sofern sie Hekate war [11]. In der andern Hand hält sie eine Schale, λεβης [12]), worinn die andre geflügelte Figur einen Trank aus einem Gefäße, das προχοος, gutturnium, hieß, giesst, d. h. libiret; auf diese Art und in der nehmlichen Stellung, wie auf den eben genannten ähnlichen Basreliefs eine geflügelte Gestalt, einer von Diana begleiteten Muse libirt.

Die Flügel bey der libirenden Göttin sind ohne irgend ein anderes Abzeichen oder Attribut nicht hinlänglich, sie für eine Viktoria zu halten. Man findet Nachricht von einer Ceres, die ein Gefäß oder einen Becher trug, ποτηριοφορος, und welcher die Achäer eine eigene Verehrung bezeigten, wie ich oben bey Nr. 16. angeführt habe. Dieß scheint sich auf diese hier zu passen; um so viel mehr, da man annehmen kann, als sey durch das Trankopfer sinnbildlich der Ueberfluß, den Ceres auf die Erde verstreut, angedeutet. Die Flügel bey der Ceres, wovon sich sonst kein Beyspiel finden, können meine Vermuthung nicht entkräften; denn man weiß, daß alle Götter Flügel aus Furcht vor Typhon annahmen, wie ich anderwärts (im 1 Kapitel des I Abschnitts) bemerkt habe. Nimt man indessen diese geflügelte Gestalt für die Abbildung der Siegsgöttin an, so kann man dieß Gefäß als eine Anspielung auf die Libazionen ansehn, die den Göttern zur Danksagung für glückliche Kriegsläufte gebracht wurden. In den morgenländischen Sprachen ist selbst ein Gefäß, situla, ein sinnbildlicher Ausdruck statt Sieg [13]).

Die verstümmelte Gestalt schien Bakchus zu seyn, und ist als solcher ergänzt worden. In den orphischen Gesängen wird er als der Sohn der Ceres angegeben, unter dem Namen Jakchus [14]); und Pindar nennt ihn παρεδρον Δαματερος, den Beysitzer der Ceres [15]. Die genaueste Verbindung zwischen ihnen erscheint auch aus einer Inschrift: dem Bakchus, der Ceres, und der Proserpina geweiht; und aus den gemeinschaftlichen Namen Liber und Libera, den Bakchus und Ceres führen [16]). Darum sieht man auch auf einer Graburne [17] Bakchus der Ceres zur Seiten. Dem widerspricht nicht, was ein griechisches Sinngedicht sagt: daß Ceres keine Freundschaft mit der Trunkenheit halte [18].

Die erwähnte Graburne erinnert mich an einen Fehler, den ein berühmter Akademiker [19] bey der Gestalt einer Nymphe begangen hat, die auf demselben Marmor die Pferde an dem Wagen der Ceres beym Zügel hält. Diese Nymphe schien ihm, wegen ihres aufgeschürzten Gewandes, ein Mann zu seyn, und zwar namentlich Diokles, einer von den vier Personen, die Ceres selbst zu Vorstehern über die Feyerlichkeit ihres Festes einsetzte.

IV.

Nr. 24. Das Gewand der verstümmelten Figur im vorhergehenden Basrelief, eben so ausgebreitet und entfaltet, als bey der Figur auf diesem geschnittenen Steine, Nr. 24., aus der Samlung des Hrn. Thomas Jenkins zu Rom; und die kleine Dianensgestalt mit zwey Fackeln: sind die Ursachen, warum ich diesen Stein hier herseze. Er ward vor nicht langer Zeit entdeckt; er ist in einem goldnen Armband eingefaßt, welches wie der Stein selbst sehr gut erhalten ist.

Es ergiebt sich aus diesem Stein ein neuer Beweis, um Gori's Meynung zu unterstützen, der eine ähnliche Gestalt auf einem geschnittnen Stein in der Samlung des Großherzogs von Toskana für den Narciß erklärt [1]). Er schloß dieß aus der Stellung des Herabsehens, gleichsam um sich im Wasser zu bespiegeln. Unser Stein bringt diese Vermuthung zur Gewißheit, durch den Wassertrog, der sich zu den Füssen der Figur findet, und den ein Löwenkopf, wodurch das Wasser ablaufen kann, noch deutlicher bezeichnet. So pflegten die Oeffnungen der Wasserbehältnisse zu seyn [2]); und so sieht man auf einem Skarabäus in der Samlung des Herzogs Karaffa Noja zu Neapel, das Wasser aus einem Quell hervorkommen, woraus Herkules schöpft. Man hat in einem wasserspeyenden Kopf, auf einer Münze der Stadt Celsa in Spanien, sogar den Fluß Ebro vorgestellt zu sehn geglaubt [3]). Der Trog auf unserm Stein bedeutet das Wasser, worin Narciß seine Gestalt sah.

Narciß

---

[7] Ajax V. 810, s. Elektra, 315, 520. Trachin. 542, 604. Philoktet, 188.
[8] Agamemn. 846, 1064, 1617. Eumen. 867. Choeph. 113. Sieben vor Theb. 68, 199.
[9] Andromach. 421, 952. Med. 217. Herkul. 343. Phöniß. 855. Alc. 805, 814, 828.
[10] Oed. Tyr. 690. Trachin. 1035.
[11] Steph. de urb. Αιδηση. Vergl. Βορμος.
[12] Pollux. Onom. VI. Segm. 92.
[13] Schultens in prov. Salom. c. 20 p. 224.

[14] Bey Klem. v. Aler. Admon. adv. gent. p. 13. C.
[15] Isthm. Od. 7. V. 3.
[16] Lips. über Tacit. p. 109. [Libera ist Proserpina nicht Ceres.]
[17] Monsaul. Ant. expl. t. I. pl. 45.
[18] Suidas: αμφιθυρεω.
[19] Boze deser. d'un tomb. p. 656.
[1] Musl. Flor Gemm. t. 2. tab. 36. n. 2.
[2] Vitruv. B. III. K. 3. B. VII. K. 5.
[3] Rec. des Med. de M. Pellerin, t. I. p. 4.

Zweyter Abschnitt. Von besondern Gottheiten.

Narcissens Neigung zur Jagd ist durch die kleine Figur der auf einem Felsen stehenden Diana angedeutet; unter ihr zeigt sich ein Hirschkopf. Es war gewöhnlich, Köpfe dieses Thieres an die Tempel dieser Gottheit zu befestigen, wie Plutarch an einer Stelle in seinen Schriften sagt; und bestätigt wird es durch den Hirschkopf, der, auf einem Basrelief im Palast Spada, mitten am Unterbalken der Thüre eines Dianentempels ist.

Der kleine Amor auf dem Stamme des Brunnens zeigt entweder die Liebe der Nymphe Echo zum Narziß an, oder diejenige, die er zu seiner eignen Gestalt bekam, als deren Bild von der Oberfläche des Wassers zurückgeworfen, und von ihm für das wahre Bild eines andern schönen Knabens gehalten ward.

An dem Baume sieht man seinen Hut hängen, den Gori für ein Schild nahm; er gleicht einem thessalischen Hute, der καυσια hieß. Ein Hut von dieser Gestalt, der einem Sonnenschirm glich, hieß gemeiniglich ϑολια, von seiner Aehnlichkeit mit dem Dache eines runden Gebäudes [4]). Man halte den Hut auf diesem Stein nicht für überflüssig hinzugethan; er bezeichnet die Weichlichkeit, wie Kasauben zu einer Stelle des Dichters Antiphanes beym Athenäus anmerkt, wo der weiche Hut, πιλιδιον απαλον, mit in die Beschreibung eines Zärtlings kömmt.

Achtes Kapitel.
Nemesis.

Nemesis, oder die Göttin der austheilenden Gerechtigkeit (nach dem Platon [1]), die Verkündigerin der Gerechtigkeit), die Tochter der Schicksalsgöttin, findet sich häufig auf Münzen [2]), und auf geschnittnen Steinen [3]); aber einzig ist ihre kleine marmorne Bildsäule in der Villa des Kardinal Alex. Albani, Nr. 25.

Nr. 25.

Diese Figur war, vor ihrer Ergänzung, ohne Kopf, und rechten Arm, ungleichen ohne Flügel, nach Art der ältesten Bildnisse der Nemesis [4]). Es war also kein ander Abzeichen da, um sie zu erkennen, als das Heraufziehn ihres Gewandes über die Brust mit der linken Hand; in welcher Stellung man beständig diese Gottheit abgebildet findet.

Der geheime Sinn des mit der Hand zusammengefaßten, und zur Bedeckung nicht allein der Brust sondern auch des Gesichts, heraufgezogenen Gewandes, ist wol: die heimliche Kraft der Gerechtigkeit, die Nemesis ausübt. Oftmals zögert sie zu erscheinen, und die Verbrecher zu strafen, daß sie dieselben gar zu vernachläßigen und zu vergessen scheinet; aber hernach ergreift sie sie, wenn sie es am wenigsten vermuthen, und überhäuft sie nach Verdienst mit Strafen, die den Verbrechen angemessen sind. Zugleich wird dadurch sinnbildlich der Ursprung der Nemesis ausgedrücket; denn sie heißt bey Einigen eine Tochter der Nacht [5]).

Der Arm der Figur der Nemesis, der auf solche Art das Gewand in die Höhe hebt, bildet das Maaß ab, das die Griechen πηχυν und πηχυς [6]), eine Elle, nanten; man nahm es dem Elbogen bis am ersten Gelenk der Finger. Diese Stellung kann die genaue Belohnung andeuten, womit die göttliche Gerechtigkeit die Handlungen der Sterblichen abmißt; wie nus die Worte lehren: υπο πηχυν αει βιοτον κρατεις, die man von derselben Göttin in dem Liede eines alten ungenanten Dichters lieset, welches nach dem Schall der Leyer pflegte abgesungen zu werden [7]). Diese Worte finden sich in einer alten Handschrift auf diese Art verbessert [8]):

Ὑπο πηχυν αει βιοτον μετρεις.

Immer missest du das Leben mit dem Maaße.

Doch war dieses der Nemesis in einem griechischen Sinngedicht [9]) zugeschriebne Maaß, kein wirkliches Messungswerkzeug, was sie in Händen trug, wie Bonaventura Vulkanius [10]), Reines [11]), Küster [12]), und die herkulanischen Akademiker [13]) behaupten; denn nirgends findet sich eine Abbildung von ihr, die ein wirkliches Maaß in Händen hielte.

Bey der Ergänzung dieses Bildes suchte man einen passenden Kopf, der den fehlenden ersetzen könte; unter vielen andern fand man, als den der Größe nach übereinkommendsten, einen getürmten. Auf dem ersten Anblick schien er den Gelehrten nicht schicklich zu seyn; allein eine grosse Münze Makrins [14]) zeigt, daß die Thürme eben sowol der Nemesis als der Cybele zukommen.

Um den aufgesetzten Kopf völlig übereinstimmend mit dem Bilde, das der angeführte Dichter uns von der Nemesis giebt, und mit der Vorstellung dieser Göttin auf den mehresten geschnittnen Steinen zu machen;
würde

---

4) Pollur Onom. VII. Segm. 174. Eustath. über Odyss. χ. p 1934. l. 9.
1) Von den Gesez. B. 4. p. 417. D.
2) Buonar. Off sopr. alc. Med. p 223.
3) Descr. du Cab. de Stosch, p. 294.
4) Pausan. l. p. 82. l. 18.
5) Hesiod. Theogon. V 223. Pausan. VII. p. 533. l. 20.
6) Anthol. VII. Lect. Kap. p. 447. l. 27.
7) Synes. ep. 94. p. 235. Suidas: Νεμεσις.
8) Mem. de l'Acad. des Inscr. t. 5. p. 187.
9) Anthol. B. 4. p 335. l. 5.
10) In Epigr. ad Callim H. Cer. v. 57.
11) Var. lect. l. 3. p 573, h.
12) Zum Suid. υπο πηχυν.
13) Pitt. Erc. t. 3. tav. 10, p. 52. n. 10. t. 4. p. 252. n. 4.
14) Buanor. a. a. O.

würde weiter nichts fehlen, als daß man den Kopf etwas mehr vorüber beugte, um sie herunter und gegen die Brust zu, sehen zu machen. Der Dichter des angeführten Liedes sagt:

Νευς δε ὑπο κολπον αει κατω ὁϕϱυν.

Immer beugest du dein Augbraun herab zum Busen.

Mit diesem nachdenkenden Blick malt er die Göttin, die die Art, die gerechten Handlungen zu belohnen, und die Beleidigungen zu rächen, bey sich überdenkt.

Ich will hier nicht von andern Sinnbildern der Nemesis reden, die nicht zu der kleinen von mir hier angeführten Bildsäule gehören; ich schränke mich bloß auf den Zweig ein, den dieselbe Gottheit, mit großen Flügeln auf dem Rücken, auf einem Stein des Stoschischen Kabinets [15]) hält. Dieser Zweig kann von einem Eschenbaum (μελια, fraxinus) seyn; wie der, den man in der Hand der Nemesis vom Phidias [16]) sah; vielleicht in Anspielung der Härte dieses Holzes, woraus die Alten ihre Lanzen machten [17]), auf die unbeugbare Härte dieser Gottheit. Der ergänzte Arm unsrer Figur hält diesen Zweig.

Die Nemesis des Phidias hielt in der Hand auf einer Schüssel einige Gestalten von Aethiopiern; über deren Bedeutung Pausanias gestehet im Dunkeln zu seyn. Ich gebe mich nicht für den Meister dieses Schriftstellers aus; aber, wenn es erlaubt ist, Vermuthungen vorzutragen, so scheinen mir diese sinnbildlichen Gestalten auf das Beywort αμυμων, untadelhaft, das Homer [18]) den Aethiopiern giebt, Bezug zu haben. Man kann wol annehmen, Phidias habe Begünstigte der Nemesis abbilden wollen, die, rein von Verbrechen, ihrer Belohnung würdig wären.

Diese Göttin, die man als Demüthigerin des Stolzes und Bestraferin des Uebermuthes der Menschen ansah, erhielt von den Alten einen Religionsdienst gegen den Stolz [19]). Dieser Gottesdienst bestand, wie Seneca [20]) uns lehrt, in Handlungen der Demuth und der freywilligen und eingebildeten Armuth. Es übte ihn auch der Kaiser August aus, der, nach Svetens [21]) Erzählung, jährlich einen Tag dazu bestimte, um den Armen zu spielen; er reichte die Hand mit herübergebeugten Fingern (cavam manuum) hin, gleichsam um Almosen zu empfangen. In derselben Stellung und mit einer so gehöhlten Hand ist eine Bildsäule in der borghesischen Villa vorgestellt; man hält sie irrig für eine Abbildung des berühmten Belisarius, der, wie man will, zur äussersten Armuth soll gebracht worden seyn, daß er einen Obolus betteln mußte, um sein Leben zu fristen. Ich lasse mich hier nicht auf das ein, was schon von Andern gegen diese Erzählung, die bloß seinen Ruhm zu schwärzen erfunden, ist beygebracht worden. Ich behaupte nur, daß diese Bildsäule, obgleich von niederm Range, zu gut für die Kunst sey, womit man zu Belisars Zeiten die Bildhauerey trieb; und daß sie das Bildniß einer viel frühern Person sey, die sich etwa in der demüthigen Stellung hat wollen vorstellen lassen, um nicht den Zorn der Nemesis zu reizen, und ihn dieselbe zu versöhnen.

Neuntes Kapitel.
Die Keuschheit.

Der Nemesis Freundin, die Aratus [1]) Δικη, Gerechtigkeit, und Ovid Asträa nent, war die Keuschheit; indem sie bey Homer [2]) jene andre Gottheit begleitet. Sie verließ mit Asträa den Umgang der Menschen, und entfloh von der Erde, die voll Ungerechtigkeit war, und von welcher sie beide waren beleidigt worden [3]). Dieses dichterische Bild von dem Verderbniß der Menschen, die sich von jeder Scham und Achtung vor den Göttern und vor sich selbst losgerissen hatten, scheint mir figürlich auf dem Nr. 26. Basrelief Nr. 26. ausgedrückt zu seyn. Es befindet sich nicht mehr zu Rom; und scheint mir, so viel ich aus der Zeichnung, woraus ich es genommen, schließen konnte, von gebrantem Thon gewesen zu seyn.

Die Keuschheit auf diesem Kunstwerk unterscheidet sich von der Keuschheit auf Münzen, durch die Flügel; und sowol die Bewegung der rechten Hand, als der weggewandte Kopf —

Illa solo fixos oculos aversa tenebat.

Virgil Aen. VI. V. 469. —

zeigen Widerwillen gegen das was sich ihrem Blicke darbietet, und Zorn einen Gegenstand zu sehen, den die Scham zu verbergen befiehlt. Ihr Blick ist verschieden von dem Blicke der Göttin Δικη, die mit einem streugen Auge abgebildet wird [4]).

Die mit einem Fusse kniende Frau scheint der Keuschheit eine spöttische Verehrung zu erzeigen, indem sie ihr unter Früchten und Kornähren einen Priap zur Gabe darbringe; gleichsam als dem Gott desselben Namens. Diesem wurden, wie dem Gott Terminus, Früchte und Teige [5]) zum Opfer gebracht; den letztern
ward

---

15) Descr. d. Cab. de St. a. a. O.
16) Pausan. a. a. O. p. 81. l. 14.
17) Homer Il. v. 277. Ovid. Metam. X. 93. Eustath. zu Il. ʃ. p. 282. l. 13.
18) [Il. α. 423]
19) Makrob. Saturn. l. I. c. 22. p. 250.
20) Ep. 20.

21) Vergl. Casaubon zum Svet. p. 115. B.
1) Phänom. V. 101.
2) Il. γ. V. 112.
3) Hesiod. ἐργ. V. 197, 200. Vergl. Ovid. Metam. I. V. 170. Lipf. Lect. ant. l 2. c. 18. p. 130.
4) Theocr. Prodrom. l. 4. p. 153.
5) Dionys. r. Hal. Ant. Rom. l. 2. p. 128. l. 42.

ward zuweilen die Gestalt eines Priaps nebst den andern Werkzeugen der Fortpflanzung gegeben, und sie hießen dann männliche Feige [6]). Man sieht diese Darbringung in einem von Ruthen geflochtenen einem Korbe ähnlichen gelben Kästchen mit einem Priap, auf einem alten herkulanischen Gemälde [7]). In Körben brachten die Menschen der ersten Zeiten den Göttern die Erstlinge ihrer Früchte [8]); und die ältesten Opfer bestanden in den Erstlingen der Früchte [9]). Unter den Früchten unsers Kunstwerkes sind wahrscheinlich auch Feigen, die nebst einem Priap in der Fester des Bakchus herumgetragen wurden [10]).

Vielleicht ist es nicht unwahrscheinlich, daß diese Gestalt die Göttin der Unkeuschheit (Ἀκολασία) vorstellte, welcher die Athener einen öffentlichen Gottesdienst erwiesen, und sogar einen Tempel in ihrer Stadt erbauten [11]).

Zehntes Kapitel.
Mars.

I.

Eine Bildsäule im borghesischen Palast, mit dem Helm auf dem Kopf, und einem Ringe um das rechte Bein, veranlaßte mich, in der Beschreibung der geschnittnen Steine des Stoschischen Kabinets [1]), zu verschiedenen Vermuthungen, die ich hier nicht wiederholen werde, da ich selbst damals nicht damit zufrieden war. Der Kopf dieser Bildsäule ist nackt, idealisch, und bartlos, folglich entweder von einem Helden oder von einer Gottheit; wahrscheinlich stellt sie Mars vor, von dem eine Bildsäule mit Ketten an den Füssen [2]) war, in demselben Sinne, als weshalb die Athener die Siegsgöttin ohne Flügel machen liessen; nemlich: um ihres beständigen Schutzes zu geniessen, daß sie sie nie verlassen könte. Nonnus hatte bey diesem Vers:

Χαλκῷ σφίγξον Ἄρηα κυϐερνητῆρα σιδήρου,
Binde mit Erz den Mars, den Eisenbeherrscher,
Dionys. II. p. 46. l. 24.

ungezweifelt einen solchen Mars in Gedanken. Aus eben dem Grunde hielten die Thyrier Herkules mit Fesseln gebunden; auch war Saturns Bildsäule zu Rom mit Ketten angebunden, die bloß am Tage seines Festes gelöset wurden [3]). Will man übrigens nicht glauben, daß dieser Mars ein Beschützer irgend einer Stadt sey, so kan man sagen, er sey von den Söhnen des Aloeus, dem Otus und Ephialtes, in Ketten gelegt [4]).

II.

Der auf dem Basrelief Nr. 27. abgebildete Ehebruch des Mars mit der Venus, ist edel und mit solchem Anstand ausgedrückt, daß diese Fabel auch die besorgteste Schamhaftigkeit nicht beleidigen kann. Vulkan hebt eine Decke auf, die das Netz vorstellt, worin er die beiden Liebhaber fing; und zeigt auf die Art allen Göttern die Untreue seiner Gattin, und das ihm von Mars angethane Unrecht. Diesen sieht man voll Verwirrung und Scham; indeß Venus, auf die andere Seite gewandt, in einer Stellung als wolle sie sich das Gesicht mit dem Schleyer bedecken, dem Merkur Vorwürfe zu machen scheint, daß er seine gewöhnliche Achtsamkeit bey dem ihm übertragenen Amte hintangesetzt, und sie nicht zu rechter Zeit gewarnt habe.

Der Künstler hat sich die Freyheit genommen, Juno mit hereinzubringen; sie steht Jupitern zur Seite, und hat eine Art von kurzem Zepter in der Hand. Dieß ist gegen den ausdrücklichen Bericht Homers, der [1]) sagt, daß die Göttinnen nicht erschienen, und aus Scham jede in ihrer Wohnung blieb. Doch könte die besondere Gestalt des Zepters, den diese Göttin hält, und der einer Geissel oder Peitsche gleicht, vielmehr Bellona, des Mars Begleiterin, anzeigen; diese ward mit einer Peitsche abgebildet [2]), wie Mars selbst beym Aeschylus eine doppelte Peitsche hat [3]). Homer legt an zwey Stellen [4]) Jupitern eine Peitsche bey. Mit derselben Freyheit hat der Bildner des folgenden Basreliefs (Nr. 28.) die Cybele, Rhea, oder Erde, nebst andern Göttinnen erscheinen lassen.

Von den beiden kleinen Liebesgöttern —

Concutit taedas geminus Cupido.
Seneca Oedip. V. 500. —

bleibt der älteste unter der Decke, als wenn auch er wäre ertappt worden; er zeigt sich nicht weniger schamvoll als Mars selbst, wagt nicht die Augen aufzuschlagen, und erhebt die linke Hand um sich das Gesicht zu bedecken. Er scheint die unerlaubte und wollüstige Liebe anzudeuten; dieß zeigt sich auch etwas in seinen grossen ausgespreizten Flügeln, gleichsam seinen dreisten Flug in der Liebe abzubilden. Der andere jüngere Amor mit Klei-

---

6) Aristoph. Vög. 570. Athen. Deipnes. l. 10. p. 441.
7) t. 4 tav. 14.
8) Homer Od. l. V. 761.
9) Aristotel. Eth. an Nikom. (ed. Wechel. 1577. 4.) l. 8. c. 9. p 146.
10) Vergl. Bentleys Diss. upon the epist. of Phalar. p. 208.
11) Suidas: ---
1) Préface. p. 16.

2) Pausan. III. p. 244. l. 14. Aristid. Orat. Isth. Nept. p. 46. A.
3) Makrob. Saturn. l. 1. c. 8. p. 184.
4) Homer Il. ε. V. 385.
1) [Od. δ. V. 314.]
2) Virg. Aen. VIII, 703. Lukan VII. 569.
3) Agam. V. 651.
4) Il. μ. V. 37. v. V. 812.

nen Flügeln und mit einer Fackel in der Hand, die vielleicht die Hochzeitsfackel ist, scheint mir seinem furchtsamen Gesicht die keusche und rechtmäßige Liebe des Ehegatten der Venus, bey dem man ihn gebildet sieht, vorzustellen.

Die Gestalt mit Fledermausflügeln [5]) scheint die Nacht abzubilden. Sie ist beym Euripides [6]) und bey andern Dichtern geflügelt; und hieß, wie uns ein dem Orpheus zugeschriebner Hymnus [7]) lehrt, auch Venus; darum hat sie der alte Künstler als Theilnehmerin an den Vergnügungen der andern Venus hieher gestellt. Sie flieht davon, sobald die Sonne diesen unerlaubten Handel entdeckte [8]) und kehrt, nach dem Ausdruck des angeführten Hymnus, zur Unterwelt zurück. Vielleicht aber ist diese Gestalt der Dämon, welcher Gigron hieß (Γίγρων δαιμων τις ἀφροδίσιακος), und der bey diesem Ehebruch sich hülfreich zeigte [9]).

Merkur, der hier eins seiner Aemter, nemlich das von Aufpasser und nächtlichem Wächter (ἐπωπητηρ νυκτος), verwaltet, empfängt die Nacht, als, dem Homer [10]) zufolge, seine Freundin. In ihrer Dunkelheit pflegt er die Menschen zu hintergehn [11]), und selbst die Gestalt der Nacht anzunehmen [12]). Er sitzt da wie auf der Lauer, um die verliebten Freuden des Mars zu begünstigen. So pflegte er auch andern Göttern mit dienstfertiger Gefälligkeit beyzustehen: er war der Sosias des Jupiters, als dieser sich in den Amphitryon verwandelte; und er brachte Venus zu den gewünschten Umarmungen des Anchises.

Auf der andern Seite dieses Marmors scheint die Verlobung Vulkans und der Venus in Junos Gegenwart gebildet zu seyn; diese Verlobung war, nach Plutarchs [13]) Behauptung, in einem Gedichte von Demodokus, einem Dichter des Alkinous, Königs von Phäazien, besungen.

III.

Nr. 28. Denselben Gegenstand der Entdeckung des Ehebruchs des Mars und der Venus sieht man auf dem folgenden Basrelief Nr. 28., das zu Rom in der Gallerie des Palasts Albani steht, abgebildet; aber auf eine andre Art vom Künstler gedacht. Venus, die nach dem was man aus dem Kopfputz schließen, und soviel man aus dem verderbten Gesichte sehen kann, nicht idealisch, sondern nach Aehnlichkeit einer bekannten und besondern Person gebildet ist; sitzt auf einem Bette, und hält mit beiden Händen einen aufgeschwollenen Schleyer, der sich in der Luft ihr über den Kopf erhebt. Einen ähnlichen Schleyer pflegt die Bild der Nacht zu haben, welche deshalb der alte Dichter Bakchilides μεγαλοκολπος [1]), das ist, die mit dem aufgeschwollten Gewande oder Schleyer, nennt; dieser Schleyer der Venus scheint anzudeuten, daß die Handlung zur Nachtzeit vorging. Das einem Kanape ähnliche Bett stützt sich auf Knaben, die sich auf die Knie [2]) gebeugt haben, und mit beiden erhobnen Armen dasselbe halten; sie hießen Ἑρμαι [3]). Um diese so gebildeten Bettfüße schlang Vulkan heimlich das Netz, um die Verliebten darin zu verwickeln. Diese kleinen Gestalten erklären also das homerische Wort ἑρμίνες, das man nothwendig als Füsse verstehen muß, und nicht, wie Andre wollen, als Stangen oder Pfosten die den Betthimmel tragen. Auf ähnlichen kleinen Figuren ruht, auf dem Fragment eines Kameo, wovon ich den Abdruck besitze, das Bett, worauf gleichfals eine nackte Frau, wahrscheinlich Venus, liegt; neben dem Bette steht ein Kästchen, wovon man das Schloß, und ein darauf geworfnes Gewand unterscheidet, nebst einem kleinen Amor der einen Fächer hält. Homers Scholiast [4]) will, daß diese Hermiten vor Alters kleine auf diese Art gearbeitete Merkursfiguren (Ἑρμαι) waren, als Anspielung auf diesen Gott, der, wie man glaubte, den Schlaf gesetzt war und ihn verschaffte [5]). — Mars, jung und bartlos, mit dem Helm auf dem Kopf, hat seine Rüstung nebst dem Schild unter sich; und Vulkan steht hinter ihm, in einer Stellung die anzeigt, er habe die Verliebten auf der That ertappt. Nahe bey ihm sieht man Merkur; dann Cybele, auf einem Stuhl, den zwey Löwen zur Seiten stehn, sitzend, und von andern Göttinnen umgeben; und hinter ihr erscheinet Apoll, der diesen heimlichen Liebeshandel entdeckte. Der lezte der Gesellschaft war Neptun, dessen ehemaliges Daseyn man aus dem Meerungeheuer zu den Füssen der fehlenden Gestalt schliessen kann; er war eins der Hauptfigur in dieser Vorstellung, da er es beym Vulkan auswirkte, daß die in dem Netze verwickelten Verliebten befreyet wurden [6]). Von der andern Seite sieht man Bacchus, und zwar, was sonderbar ist, vom Herkules begleitet; dieser lezte trägt eine knotigte Keule. Die Erscheinung des Herkules bey dieser Scene kann ein Anachronismus scheinen, den der Bildner dieses Basreliefs begangen; da die fabelhaften Geschichten der Götter selbst, und die zwischen ihnen geschehen Begebenheiten, vor dem Untheil, den sie an dem Ausgange der Belagerung von Troja nahmen, — da diese, sag' ich, sich mit der Aufnahme des Herkules in die Gesellschaft der Götter endigten. Noch nennt Homer ihn eben so wenig unter den Gottheiten, die als Zuschauer dieses entdeckten Ehebruchs herzukamen.

Unter dem Herkules sieht man Tellus (die Erde) in weiblicher Gestalt; sie trägt das Horn des Ueberflusses, und stützt den rechten Arm auf einen Ochsen, der bey den Aegyptern das Sinnbild der Erde selbst war [7]). Auf einem alten Gemälde, vorstellend das Ringen des Herkules mit dem Antäus [8]), der jedesmal wenn er die Erde

---

5) Virg. Aen. VIII, 369.
6) Orest. V. 178.
7) Ουμνος νυκτος. V. 2.
8) Ovid. Metam. IV, 171. Nonnus Dionys. l. V. p. 111. l. 11.
9) Eustath. p. 1599. l. 1. p. 1881. l. 63.
10) Hymn. auf Merk. V. 290.
11) Das. V. 578.
12) Das. V. 578.
13) Plut. Tip. usc. p. 2074. l. 9.

1) Schol. zu Apollon. Argon. III, 467.
2) [Im Original steht: putti piegati inginocchioni; ob gleich im Kupferstich kein gebognes Knie zu sehen ist. A. d. He.]
3) Homer Od. Θ. V. 278. ψ. V. 198.
4) Zu Od. ψ. V. 198.
5) Homer Od. ω. V. 24.
6) Das. Θ. V. 344, 359.
7) Makrob Saturn. l. 1. c. 19. p. 241.
8) Sepulcr. de Nason. tav. 13.

Zweyter Abschnitt. Von besondern Gottheiten.

Erde berührte, neue Kräfte bekam, sieht man die Erde durch den einzigen Felsen, worauf ihre Figur sitzet, angezeigt; und ein Felsen, worauf die Göttin Themis in Nr. 44. sitzt, kann anzeigen, daß sie eine Tochter der Tellus ist.

Eilftes Kapitel.
Bellona.

Alle bis izt als Bellonen bekant gewordne Abbildungen, sind entweder Minerven: wie die angebliche Bellona bey Begern [1]); oder Siegsgöttinnen: wie die Gestalten, die man auf geschnittenen Steinen oft auf zweyspännigen Wagen sizen, und von andern Gottheiten begleitet, sieht.

Die auf einem runden Säulchen stehende Gestalt, die ich hier, nebst allem Uebrigen dieses Bruchstücks von einem Sarkophag in der Villa des Kardinal Alex. Albani, Nr. 29. beybringe, ist nach den wahrscheinlichsten Anzeigen für Bellona zu erkennen; d. h. für die Göttin, die bey den Griechen Ἐνυώ, Ἐγχυς, θεα πολεμικη hieß, und zu den unterirdischen Gottheiten gerechnet ward [2]).

Die Gestalt auf unserm Fragment hält den Schild unter dem rechten Arm, und den Speer in der linken Hand; wie Stazius [3]) sie vorstellt, der sie auch noch mit brennenden Fackeln erscheinen läßt [4]). Etwas unter der Achsel tragen, hieß bey den Griechen: ὑπο μαλης φερεσθαι [5]). Andere Abbildungen der Bellona trugen eine Geißel, wie bey dem Basrelief Nr. 27. angemerkt worden. Unsere vermuthete Bellona trägt, wie es scheint, ihr Schild auf diese Art, zum Zeichen eines Krieges, der bald ausbrechen wird. Denn die römischen Soldaten trugen ihre Schilde so, wenn eine Meuterey angezettelt ward; und sie nanten das scuta perversa [6]).

Daraus, daß Bellona zu den unterirdischen Gottheiten gezählt ward, läßt sich die Beziehung dieser Abbildung auf die Graburne eines Kriegers einsehn. Die Gestalt des nackten Mannes, mit erhobner rechten Lende, scheint ein Fanatiker oder Priester dieser Göttin zu seyn; und die alte Frau, die einen Hahn über einem brennenden Altar hält — das gewöhnliche Opfer für Mars [7]), vorzüglich bey den Spartanern [8]) — könte eine Frau anzeigen, die der Bellona opferte.

Der Löwenkopf ist der gewöhnliche Kopf, der sich an den beiden Enden der Sarkophage gebildet findet.

Zwölftes Kapitel.
Venus.

I.

Zu den besondern Attributen der Venus gehört die ihr angenehme und geweihete Lilie [1]); wie die Blume, die mit Venus um die Farbe wetteifert [2]). Man sieht sie mit dieser Blume in der Hand auf griechischen und auf hetrurischen Denkmälern. Zu diesen gehört die sehr schöne Brunneneinfassung mit den zwölf grössern Gottheiten in der kapitolinischen Samlung, die Nr. 5. steht. Zu sehen ist ein dreyeckigtes Fußgestell zu einem der beiden marmornen Leuchter von vorzüglicher Kunst, im Palast Barberini; hier Nr. 30.

Die Göttin ist auf beiden Kunstwerken, wie die knidische [3]) Venus, gebildet; und auf dem Leuchter begleiten sie Minerva und Mars, die auf den beiden andern Seiten gebildet sind. Die Blume in der Venus Hand zeigt sie auch gewissermassen als Schuzgöttin der Gärten, deren Bau bey den Römern [4]), und so viel man aus einer Stelle des Philostrats [5]) schliessen kann, auch bey den Griechen, unter ihrer Aufsicht stand. Darauf scheinen die der Venus ertheilten Beynwörter ευκαρπος und ζειδωρος [6]) zu gehen. Ihr zu Ehren waren auch Weinlesefeste angestellt, die Vinalia rustica hießen. Indeß, da das Wort hortus, griechisch κηπος, zweydeutig ist, und auch für die weiblichen Schamtheile genommen wird [7]), wie das Wort πεδιον, Feld [8]), und λειμων, Wiese [9]): so kann die genante Gartenaufsicht zugleich auch in einem andern etwas unzüchtigen Verstande gedeutet werden. — Doch ist die Lilie kein ausschliessendes Attribut für Venus allein: denn man findet auch Juno mit dieser Blume in der Hand [10]), an welcher sie sich sehr ergözte [11]); und auch der Göttin Spes dient diese Blume zum Sinbilde [12]).

Die

---

1) Thes. Brandenb. t. I. p. 340. t. II. p. 621.
2) Marzial Ep. XI, 85. Tertull. Apolog. c. 9.
3) Theb. IV, 6, 7. VII, 73.
4) Das. XI, 413. U. in Achill. I, 33.
5) Luzian, Dial. mort. Char. §. 24. Polluc Onom. II, Segm. 139. Vergl. Eustath. zu Od. α. p. 1631. l. 35.
6) Valc̄. zum Ammian. l. 16. c. 9. p. 469. b.
7) Tristan Com. hist. t. l. p. 331.
8) Meurs. Misc. Lacon. l. 2. c. 1. p. 90.
1) Athen. Deipnos. l. 15. p. 682. F.
2) Schol. zu Nik. Alexiph. v. 404.
3) Plin. N. H. B. 56. K. 5.

4) Varro de l. lat. l. 5. p. 48. Plin. B. 19. K. 19. §. 1. Lips. ant. lect. l. 3. c. 1. p 139.
5) Icon. l. 1. n. 6. p. 773. l. 9.
6) Plutarch ερωτ. p. 1347. l. 3. γαμω. παραγγελ. p. 250. l. 6.
7) Eustath. zu Il. π. p. 536. l. 23.
8) Aristoph. Lysistr. V. 88.
9) Euryp. Kyklop. V. 168, 170.
10) Tristan Com. hist. t. 3. p 98.
11) Klem. v. Aler. Paedag. l. 2. c. 8. Konstant. Geopon. l. 2. c. 20.
12) Vergl. Descr. du Cab. de Stosch. p. 301.

Die Lanze und das Diadem, die auf andern Abbildungen dieser Göttin erscheinen, sind die Attribute der Himlischen Venus, und der Cyprischen Venus, die die Lanze trug, und daher εγχειος, die Lanzenträgerin [13], hieß. Doch pflegte diese Lanze keine hasta pura, das heißt, ein langer Zepter ohne Spize, zu seyn; sondern eine eigentliche Lanze, mit der Spize nach unten gekehrt, wie man deutlich auf zwey geschnittenen Steinen des Stoschischen Kabinets [14] sieht.

Allein, was bey der Venus die grösste Aufmerksamkeit verdient, ist ihr Gürtel (cingulum Veneris), den Homer κεςος ιμας nent [15]. Juno erbat ihn sich von Venus, um vor Jupitern mit mehr Reizen zu erscheinen, und um ihn heftiger zur Liebe zu entflammen; sie legte ihn, sagt der Dichter, um ihren Schooß an, das heißt, unter dem Nabel. Dieß zeigt sich deutlich an einigen Abbildungen der Venus, vorzüglich: an der in Lebensgrösse, die im Palast Spada war; und an einer andern, die den Mars umarmt, in der Samlung des Kapitols, deren Kopf ein Bildniß einer Kaiserin zu seyn scheint.

Diese Bildsäulen der Venus haben zwey Gürtel: einen, der das Gewand unter der Brust zusammenhält, welcher taenia, ταινία [16], hieß; und den andern an der Seite um den Bauch, genant ζωνη, ζωσμα, περιζωμα, um das Gewand herauf zu ziehen. Dieser zweyte Gürtel, der bey andern Gottheiten oder Frauen nicht sichtbar ist, sondern durch den herabfallenden Theil des in Falten liegenden Gewandes bedeckt wird, scheint der zu seyn, von welchem Homer redet. Uebrigens ist der Vorwurf nicht ohne Grund, den Herr Martorelli [17] einigen alten Schriftstellern macht: daß sie das Wort κεςος falsch verstanden und unrecht gebraucht haben, weil sie es als ein eigenes Hauptwort nehmen, da es beym Homer ein Beywort zu ιμας ist, und gestickt bedeutet. Die von ihm getadelten Schriftsteller sind: Luzian [18], der H. Gregor von Nazianz [19], und Marzial [20]. Ich füge dazu noch den Verfasser eines griechischen Singedichts [21]; auf eine nackte Venus, welcher ein Band von einer Schulter herablief; dieß Band nent dieser Dichter κεςος; und bedeutet nicht, daß der Gürtel der so heißt, nur einer bekleideten Venus zukommen kann. Die Venus dieses Singedichtes scheint einer nackten und bewafneten Venus in der Villa Borghese ähnlich gewesen zu seyn; bey dieser läuft ein Gürtel, wie ein lederner Riemen, von der linken Schulter zur Seite herab, gleichsam das Degengehenk vorzustellen.

Der von älteren und neueren Auslegern nicht verstandene Homer, hat manchen Kritiker über diesen Gürtel verwirrt, und unter andern Rigalzius [22], der die Meynungen der andern gesammelt hat. Homers Scholiast, der die Worte: εγκατθεο κολπω, durch κατακρυψον ιδια κολπω, verbirg ihn im eigenen Schooß, erklärt, scheint den Dichter an dieser Stelle nicht verstanden zu haben; auch glückt dem Eustathius [23] die Aufspürung des wahren Sinnes der Stelle nicht besser, wegen der Ableitung des Wortes κεςος. Man sieht aus einem griechischen Singedicht auf Venus [24], daß die spätern Griechen nicht wussten, an welchen Theil des Leibes Homer den Gürtel anlegt; denn der Verfasser des Singedichtes nent den Gürtel unter der Brust κεςος. Der schon angeführte Rigalzius glaubt, dieser Gürtel sey ein Gewand, und Prideaux [25] nimt diese Meynung an. Nonnus hat den Homer verstanden; daher legt seine Juno den von der Venus erbetenen Gürtel um ihre Seite [26].

Die Tänia, oder der obere Gürtel, der unter der Brust wegläuft, und der fast bey allen Figuren, die ihn haben, unbedeckt und sichtbar ist, wird von einem neuen Kritiker [27], der keine alte Abbildungen zu Rathe gezogen hat, um den Nabel gelegt. In diese Gegend nun legt er den Gürtel des weiblich gekleideten Bakchus beym Nonnus [28], da doch die Lage so deutlich angegeben hat, daß es fast unmöglich ist, ihn falsch zu verstehn. Der Dichter sagt: Bakchus band sich den Gürtel um, μεσσατιην στηθει, mitten um die Brust; demohngeachtet nimt der Kritiker diese Mitte der Brust für den Nabel (hic ego medium pectus umbilicum interpretor). Denselben Fehler begeht er bey dem Gürtel der Nymphe Nicea, bey dem nehmlichen Dichter [29].

Nicht richtiger scheint die Idee gewesen zu seyn, die sich Nikol. Heinsius [30] von dem Gürtel der Venus machte; wie man aus der Verbesserung schliessen kann, die er bey der Stelle des Klaudians anbringen wollte, wo dieser Dichter von der Venus sagt:

Ora decet neglecta sopor; fastidit amictum

Aestus.   Epithalam. Pall. et Celer. V. 6.

Er sezt das Wort Cestus statt Aestus; und er glaubte, daß Venus, ob sie hier gleich von allen Kleidern in der Hize des Tages entblösst beschrieben wird, doch den Gürtel um den Leib gebunden zurück behalten hätte.

Dieser Gürtel der bekleideten Venusfiguren, und der andere unter der Brust befindliche, haben eine völlige Gleichheit mit den Gürteln, die die Amazone Hippolyta bey Seneka dem Tragiker hat. Er sagt von dem Gürtel der Seite:

Aurata religans ilia balteus;

und

---

13) Voss. orig. Idol. l. 2. c. 27. p. 163.
14) Descr. d. Cab. d. St. p. 117. n. 557, 558.
15) Il. z. V. 219, 221. [Eigentlich V. 214.]
16) Poll. Onom. VII. Segm. 65.
17) Thec. Calam. p. 153. und in den Additam. p. 16.
18) Dev. judic. p. 372 ed. Reiz.
19) In Iul. Orat. 1. p. 229.
20) VI. Epigr. 16.
21) Anthol. V. p. 386. lezte Zeile.

22) In Onosand. Stratagem. p. 137, f.
23) Ueber die Il. p. 425. l. 24.
24) Anthol. B. V. p. 231. (ed. Ald.)
25) Not. ad Marm. Arundel. p. 24.
26) Dionys. B. 42. p. 527. l. 19.
27) Dausqu. über Q. Kalaber, p. 246.
28) Dionys. B. 14. p. 257. l. 21
29) B. 15. p. 279. l. 2.
30) Adversi. l. 3. c. 4. p. 428.

Zweyter Abschnitt. Von besondern Gottheiten. 27

und von dem unter der Brust:
— — Nivei vincula pectoris.

Nasend. Herkul. B. 541, 544.

Unter den Schriftstellern von denen Homer in Absicht der wahren Gegend, wo Venus ihren κεσος ιμα, hinband, verstanden zu seyn scheint, finde ich den Scholiasten Leontius, der in einem griechischen Singe- dichte zum Lobe einer Tänzerin ³¹) sagt: sie hätte den Cestus der Venus unter den Lenden, υπ' εκ λαγονων, das ist, um die Seite.

Dreyzehntes Kapitel.
Der Liebesgott.

I.

Die Hacke, die der Liebesgott auf einigen tief oder erhoben geschnittenen Steinen ¹), und auf einigen Münzen des Septimius Severus ²) hat, und die verschiedne Alterthumsforscher für eine umgekehrte Fackel ansehn; muß man nicht für einen Einfall und ein bloßes Spiel der Einbildung der Künstler halten. Meines Bedünkens hat sie auf diesen Abbildungen eine tiefer liegende Bedeutung, und scheint das Bild einer Vorübung zur Ringerschule. Die jungen Athleten pflegten die Strasse der Palästra mit der Hacke zu bearbeiten; und vor Alters sah man im Kapitol die Bildsäule eines Jünglings mit der Hacke, rastrum ³), in der Stellung den Sand loszuhauen, um sich zu üben, und um sich zum Ringen und zu den andern gymna- stischen Spielen zu bereiten. Darum nahm Theokrits Aegon die Hacke, σκαπανη, auf seiner Reise nach Elis mit, nebst zwanzig Schafen zur Verzehrung während seines Aufenthalts daselbst ⁴). Esaliger führt eine Münze von der Insel Chios an, wo auf der Hauptseite ein Sphinx abgebildet wird, und auf der Rückseite eine Hacke mit dieser Unterschrift: ΛΑΜΠΡΟΣΧΙΟΣ, welches vielleicht der Namen eines berühmten Ath- leten von dieser Insel war, der Λαμπρης hieß ⁵). — Doch will ich nicht leugnen, daß bey dem so gebildeten Amor irgend eine andre Anspielung zum Grunde liegen könne; als unter vielen andern, die auf Amorn den Ackermann, in dem Verse des Nonnus:

Απορον ηροσε κοσμον Ερως Φιλοτητος αροτρευς.

Dionys. B. VII. im Anf.

II.

Ferner befindet sich unter den Beywörtern des Amors, auch das Wort Claviger: nicht von der Keule, die Amor auf einigen Marmorwerken und geschnittenen Steinen führt, wie z. B. auf dem Stein des Stoschi- schen Kabinets, den ich Nr. 32. meinen Lesern vorlege; sondern von Schlüsseln. Nr. 32.

Von den schlüsseltragenden Gottheiten ist die bekanteste die dreygestaltete Hekate; und der Schlüssel den sie trägt, scheint den zur Unterwelt zu bedeuten. Vielleicht heißt Aeakus, der Höllenrichter, in derselben Bedeutung der Schlüsselträger, κληδυχος ¹). Nicht so bekant ist dieß Beywort bey der Sonne ²); und bey Minerva ³), die, nach Aeschylus ⁴), allein die Schlüssel zum Behältniß der Blize Jupiters fudren konnte. Dasselbe Beywort bekömt Amor in einem orphischen Hymnus; allein Schwarz glaubte in seiner Abhandlung de Clavigeris ⁵), daß es da nicht in eigentlicher Bedeutung gebraucht sey. Er hatte nicht bemerket, daß, auf- ser den andern von mir an einem andern Ort ⁶) angeführten Stellen der Alten, dasselbe Beywort Amorn vom Euripides in folgender Stelle seines Hippolyts beygelegt wird:

Ερωτα δε τον τυραννον,
Τον τας Αφροδιτας
Φιλτατον θαλαμων
Κληδυχον. B. 538.

Diese Stelle erläutert genugsam jene beym Orpheus; und zeigt, warum Amor Schlüssel trägt: nemlich um das Schlafgemach der Venus zu bewahren und zu öfnen, und dadurch den Genuß der Freuden der Liebe zu erhalten. Auch in Bezug auf die Schlüssel der Priester und Priesterinnen; so kömt den demselben Euripides der Schlüssel der dem Apoll heiligen Kassandra vor ⁷). — Der Amor auf unserer Gemme führt mit der linken Hand, wie Herkules, die Keule, und trägt in der Rechten einige Schlüssel, welche ein Ring zusammenhält. Die κληιδες (Schlüssel) bedeuten in der Sprache der Ephefer auch Kronen, wie uns der Scholiast des Eu- ripides ⁸) berichtet.

G 2 III.

31) Anthol. B. 4. K. 25. Ep. 6. V. 2. p. 363.
1) Montfauc. Ant. expl. t. I. pl. 113. n. 6. p 180.
2) Baillant Num. Imp. aer. t. I. p. 110, 116.
3) Festus: rutrum.
4) Kasaub. lect. Theocr. ad Id. 4. c. 6. p. 25.
5) Scalig. in Chron. Euseb. p. 47. a.
1) Muratori Inscr. p. 1321. Vergl. Drville in Charit. p. 39.

2) Proklus Hymn. auf die Sonne B. 3. in Fabric. bibl. gr. t. 8. p 508.
3) Spanheim in Callim. p. 591.
4) Eumen. B. 830.
5) §. 5.
6) Descr. du Cab. de Stosch, p. 137.
7) Trojan. B. 257.
8) Ueber die Trojan. B. 256.

III.

Nr. 33. In diesem Werke kommen sehr wenig Gemmen vor, die bloß idealisch und allegorisch sind; unter ihnen ist der schönsten eine der geschnittene Stein Nr. 33., den Lord Hope in England besitzt. Es ist darauf ein kleiner Liebesgott vorgestellt, der mit einer brennenden Fackel im Begrif des Entfliehens ist, indem er zugleich einen äusserst betrübten Knaben umarmt.

Diese nicht in der Fabel begründete Vorstellung könte man vielleicht auf mehrere Arten erklären; die Gelehrten werden freyes Feld finden, um ihren Scharfsin zu üben. Indessen kann man sich vorstellen, es sey hier vorgestellt die verliebte Leidenschaft, der keine wechselseitige Leidenschaft entspricht, und die daher zur Verzweiflung gebracht ist, nachher aber von einem Stral von Hofnung getröstet wird.

Das Bild der verliebten Leidenschaft wäre dann der Knabe, den eine heftige und davon eilende Liebe entzündete. Der Liebesgott (oder die Liebe) eilt darum davon, weil er von dem Gegenstand seiner Glut und seiner Schmerzen gleichsam verlassen ist. Er entflieht aber, halb in ein Gewand gewickelt: um die Feuchtigkeit und die Kälte der Nacht anzuzeigen. Der eine der beiden andern Liebesgötter hat gleichfalls ein Gewand; und Sappho läst Amorn mit einem langen purpurnen Gewande vom Himmel herabsteigen.[1] Die Stellung des vorüber gebeugten und gekrümten Körpers, ist, dem Aristophanes[2] zufolge, denen die eine Laterne tragen, eigen; sie gehen darum so, damit der Wind ihnen das Licht nicht auslösche, wie der Scholiast diese Stelle des Dichters erklärt[3]. Auf dieselbe Art sieht man einen kleinen Amor mit andern seines Gleichen auf einem achteckigten Altar der kapitolinischen Samlung, und auf zwey geschnittnen Steinen des Stoschischen Kabinets[4] abgebildet.

Die verliebte Leidenschaft, nach unsrer Allegorie, findet nun weder Trost noch Rast; sie sucht, um so viele Leiden zu endigen, sich des Lebens zu berauben; und der steile Fels kann diesen schrecklichen Entschluß anzeigen. Doch kann der Fels auch jenen berühmten leukadischen Fels vorstellen, den man als das lezte Mittel gegen die Liebe für diejenigen ansah, die Muth genug hatten, sich von da herabzustürzen. Auf der Spize dieses Vorgebirges war ein Tempel des Apollo; und an einem seiner feyerlichen Feste ward jährlich ein Verbrecher von diesem Felsen herabgestürzt. Diese Strafe hielt man für ein Sohnopfer, das man den Göttern bringen müste, um das Unglück, das den Staat bedrohete, abzuwenden. Der Verurtheilte ward erst ganz mit Vogelfedern bekleidet, um ihn in der Luft zu erhalten; und unter dem Abhang waren Nachen gestellt, um ihm das Leben zu retten. Hernach verbante man ihn aus dem Lande, um die Absicht der Ceremonie zu erfüllen[5].

Der Sprung von diesem Felsen war auch der lezte Ausweg, den die hofnungslosen Verliebten suchten. Man behauptet, daß Cephalus, um sich von seiner Liebe zu Ptaolus zu heilen, der erste war, der diesen Sprung that; und daß Sappho, die keine Gegenliebe von Phaon erhielt, sich auf dieselbe Art zu heilen versuchte[6]. Auch soll die Königin von Karien, Artemisia, die erste dieses Namens, die König Xerxes auf seinem Zuge gegen die Griechen begleitete, diesen Sprung gethan haben, um den Dardanus oder Lygdamus, den sie so unsäglich liebte, zu vergessen[7]. Andre behaupten, daß ein gewisser Phokus, ein Nachkomme des athenischen Königs Kodrus, der erste war, der dieß Mittel ergrif[8]; und Ptolomäus Hephästion[9] nent sieben andere Personen, die sich von der Liebe auf diesem Wege befreyen wolten.

Die verliebte Leidenschaft nun auf unserm Steine, ist schon im Begrif, diesen traurigen Vorsaz auszuführen; als sie von einem geneigtern Amor zurückgehalten wird. Dieser kömt mit erhobner Fackel, und scheint ihr zu versprechen, er wolle ihre verachtete Liebe rächen, und das Herz des geliebten und unempfindlichen Gegenstandes mit einem Feuer anzünden, das ihrer verliebten Sehnsucht entspräche. Auch Moschus legt Amorn eine Fackel bey[10]. — Die Bewegung der aufgehobnen Hand in Verbindung mit dem Ausdruck des Gesichts, zeigt uns die Geberde eines Menschen, der jeder Hofnung entsagt, und sich der Verzweiflung überlässt; aber die andre Hand, die Amorn umarmt, zeigt seine Sehnsucht nach Trost, die sich auf einige ihm gemachte Hofnung gründet, der er aber doch noch nicht völlig trauet.

Der Besizer dieser Gemme erhielt auch in Rom zwey sehr schöne Knaben, die mit Astragalen spielen: der eine steht, und man sieht ihm an seiner frohen und lachenden Miene den Sieg an; der andere sizt auf dem Sockel, und ist über seinen Verlust betrübt. Unter ihm sieht man zwey hingeworfne Astragalen; und der andere Knabe hält sechs Astragalen in der linken unter der Brust zusammengezognen Hand, worin er sie nur mit grosser Mühe fassen kann. Dieses Kunstwerk ist dem mit Ganymed spielenden Amor beym Apollonius aus Rhodus[11] so ähnlich, daß der Künstler aus der Vorstellung des Dichters genommen zu haben. Auch bey diesem hält der kleine Liebesgott, stehend, fest unter der Brust die linke Hand voll von Astragalen, die er Ganymeden abgenommen hat, der gebückt und verdrießlich auf der Erde sizt, weil ihm nur zwey Astragalen, nachdem er den dritten geworfen hatte, übrig geblieben sind.

Vierzehn-

---

1) Beym Pollux Onom. B. X. Segm. 114.
2) Lysistr. B. 1001.
3) Vergl. Suidas: ἀπολικύφαμεν.
4) p. 128. n. 629, 630.
5) Strab. B. 10. p. 452. C.
6) Suidas: Σαπφώ. Schlig. in Cirin. p. 69.
7) Plutarch de virt. mulier. p. 454. l. 17.
8) Daselbst p. 252.
9) Nov. hist. B. 7. bey Phot. bibl. p. 254. l. 5.
10) Idyll. Ἔρως δραπέτης, V. 13.
11) Argon. III, 117, 126.

Zweyter Abschnitt. Von besondern Gottheiten.

Vierzehntes Kapitel.

Psyche.

Die Abbildung der Psyche ist immer allegorisch; aber eine besondere Allegorie sieht man in ihrer Abbildung auf dem geschnittenen Stein Nr. 34. Sie stützt sich auf eine Hacke mit zwey Zinken (δικελλα, bidens), Nr. 34. die man als ein Sinnbild des Ackerbaues deuten kan; sie scheinet die Ruhe und den Frieden der Seele beym Landbau vorzustellen, als bey der nützlichsten und edelsten Beschäftigung, die, wie Musonius beym Stobäus[1] sagt, mehr als jede andre Arbeit, der Seele Fähigkeit und Freyheit giebt, sich dem Nachdenken zu überlassen und Kentnisse zu sammlen.

Nach dem Chaos, so lehrte die fabelhafte Theologie des Hesiodus[2], ward, zugleich mit der Erde, Amor geboren. Dieser, der Seelenruhe so zuwider, wie die Hacke dem Kriegesgeräthe[3], hat Lust daran, Unruhen und Krieg zu erregen, und nach Aristophanes[4] Beschreibung, alles in Unordnung zu stürzen,

— et assidue praelia miscet amor.

Tibull. Eleg. III, 1.

Hier ist er nun gleichsam laurend, mit einem Knie zur Erde, und mit einem Helm in den Händen; vielleicht in Bezug auf sein unruhiges Naturell, und um jenen andern Amor, der Anteros hieß, und für einen Sohn des Mars gehalten ward[5], vorzustellen.

Auch liesse sich auf diese Abbildung anwenden, was Platon[6] sagt: daß von den beiden Amors der böse die Unordnungen der Jahreszeiten und der Witterungen verursache, wodurch die Früchte der Erde und die Arbeiten ihrer Bebauer zerstört würden. Gleichwol heisset er bey einem ungenanten Dichter Rure natus[7], und Tibull sagt:

— inter agros interque armenta Cupido.

Eleg. II, 1. V. 67.

Funfzehntes Kapitel.

Meergottheiten und Meerungeheuer.

I.

Triton.

Die Ursache, warum ich den kolossalischen Kopf, der sich in der Villa Medici befindet, Nr. 35. beybringe, ist nicht die Gelehrsamkeit, sondern die vorzügliche Kunst, womit er zur Vollendung gebracht ist. Man sieht darin einen Triton oder einen andern Meergott vorgestellt, mit einer Art von Fischkiefern, griechisch βραγχια[1], die bey ihm statt der Augenbraunen sind; sie scheinen angeklebt, und aus einer einzigen Haut zu bestehen, ähnlich den Augenbraunen des Meergottes Glaukus in einem von Philostrat[2] beschriebenen Gemälde (οφρυς λασια συναπτουσα προς αλληλας). Diese Fischkiefern laufen ihm queer über die Backen und die Nase, und drehen sich dann zum Kinne. Mit derselben sinnbildlichen Fasslichkeit, und auf angeführte Art, findet sich ein Hermes mit zwey Gesichtern in der kapitolinischen Samlung; man erkent ihn an diesen Zeichen und Attribute für einen Meeresgott. Dieselben Kiefern sieht man gleichfals bey den mehresten Tritonen angedeutet, vorzüglich bey denen auf einer Grabkiste in derselben kapitolinischen Samlung.

II.

Polyphem.

Die Abbildung von Polyphem, einem Sohne Neptuns, auf einem Basrelief in der Villa des Kardinal Alex. Albani, hier Nr. 36., verliert den Preis der Seltenheit nicht bey zwey herkulanischen Gemälden, Nr. 36. die denselben Riesen vorstellen; denn man muß bedenken, daß unser Kunstwerk das einzige ist, worauf er sich in Marmor findet. Er singt seine Liebe zu Galathea, indeß ein kleiner Liebesgott ihm den Gesang oder die Gedanken einzugeben scheint. Seine Zither besteht sehr grob aus Baumästen; des Plektrum in der rechten Hand, wird ein Holzstecken oder etwas ähnliches gewesen seyn, das sich zu einer solchen Zither paßt. Uebrigens hat der alte Arm sich von dem Grunde des Marmorwerkes abgelöset, und ist verloren gegangen; der ihm angesetzte ist neu.

III.

---

1) Serm. 54. p. 370. l. 27.
2) Berat. Aristophan. Vögel. V. 695.
3) Eridos: δικελλα.
4) a. a. O. V. 701.
5) Cicero de nat. deor. III, c. 23.

6) Sympos. p. 182. l. 3.
7) Pervigil. Vener. v. 136.
1) Theokrit Idyll. 11. V. 54.
2) l. 2. Icon. 15. p. 833.

III.
Scylla.

Nr. 37. An dem Marmorwerke Nr. 37., das in der Villa Madama ausserhalb Rom steht, sieht man auf einer Seite einen Centaur mit einem kleinen Amor auf ihm sigend, auf der andern Seite Scylla, deren Gestalt schon aus andern Denkmälern bekant ist. Doch kann unser Kunstwerk einen deutlichern Begrif von diesem fabelhaften Ungeheuer verschaffen, da ihre Figur fast von natürlicher Größe ist. Eine Art von Schürze, die ihr von dem Gürtel herabfällt, bedeutet vielleicht ihre Schamhaftigkeit; denn Scylla blieb im jungfräulichen Stande. Doch scheint der Künstler einer Gemme vom ältesten Stil, wovon sich eine antike Paste im Stoschischen Kabinet [1]) erhalten hat, die Scylla gekleidet gebildet zu haben; das Kleid liegt ihr fest am Leibe. Sieht man unser Marmorwerk als ein öffentliches Denkmal an, so könte man es für die sinbildliche Vorstellung irgend einer glücklichen Seeschlacht halten; man findet auf einigen Münzen des Sext. Pompejus [2]) einen Sieg zur See durch die Scylla angedeutet.

Sechszehntes Kapitel.
Merkur.
I.

Nr. 38. Der runde Altar in hetrurischer Manier, aus der kapitolinischen Samlung, hier Nr. 38., enthält drey Figuren; es sind Merkur, Apollo und Diana. Merkur hat einen spitzen Bart, so wie er auf einer von den Seiten des dreyeckigten hetrurischen Altars in der Villa Borghese abgebildet ist, von welchem ich Nr. 15. die Seite beygebracht habe, auf welcher Juno mit der Zange ist. Der Beynamen σφηκοπώγων [1]), den Merkur führte, scheint nicht einen gedrehten, geflochtenen Bart zu bedeuten, wie die Erklärer des Pollux [2]) es übersetzen; sondern einen Bart der dem an unserm Merkur gleichet, das heißt, einen keilförmigen [3]). Masken mit ähnlichen Bärten scheinen Ἑρμαῖαι [4]) genant worden zu seyn; die Benennung wäre dann von den alten Abbildungen Merkurs genommen, deren Bärten sie glichen.

Ich erinnere mich hier einer Bildsäule eines kaum manbaren Merkurs, der einer Frau liebkoset; sie steht im Garten des farnesischen Palastes. Der etwan fehlende Kopf ist durch einen neuen ersetzt worden; dieser ist zwar jung, aber bärtig, doch nicht mit spitzem Barte. Man könte in dem Barte eine Nachahmung des hetrurischen vermuthen; aber nur so, wie Jemand, der die Alten nicht zu Rathe ziehen können, machen würde. Eine so seltsame Idee bey Merkur scheint nicht eigenthümlich und freywillig bey einem neuen Bildhauer entstanden zu seyn; ich sehe sicherlich die Angabe eines Gelehrten darin, der vielleicht den homerischen [5]) Merkur πρῶτον ὑπηνήτην dadurch hat ausdrücken wollen. Allein, er verstand diese Worte unrecht; sie bedeuten nicht, einen dem der Bart zu wachsen anfängt, wie der hier genannte Merkur ist; sondern einen Jüngling, auf dessen Kinn sich das erste Milchhaar zeigt; und so ist das Alter des Merkurs, der bey Lucian [6]) ὑπήνητης heißt.

Das Mädchen, welches der farnesische Merkur umarmt, scheint nicht Venus vorzustellen, die, dem Plutarch zufolge, darum bey jenem Gotte gestellet zu werden pflegte, weil man ausdrücken wolte, daß der Genuß der Vergnügungen mit der Anmuth des Redens verbunden seyn müsste [7]). Sie scheint es nicht; theils, weil ihr Alter zu zart ist, theils, weil die Geberde dieser Figur keiner Venus zukomt. Eher könte man sie für Akakallis, eine Tochter des Minos halten, oder für Herse, oder eine Tochter des Kekrops, oder Eupolemia, Myrmidons Tochter [8]): von welchen allen dem Merkur Kinder geboren waren; oder Antianira, die Mutter des Echions [9]). Doch in Rücksicht auf das zarte Alter dieser Figur, könte man auch Proserpina darunter verstehn, die Merkuren drey Söhne gebahr [10]); wenn man nemlich annimmt, daß sie noch lange, ehe sie vom Pluto entführet ward, welches in ihre früheste Jugend treffen würde. Endlich könte man auch sagen, es sey die Nymphe Lara, die Mutter von zwey Laren, deren Vater Merkur war [11]). — Auf dem Fußgestell dieser beiden Figuren sieht man die Schale einer Schildkröte gebildet, wahrscheinlich in Bezug auf die vom Merkur erfundne Leyer, wie ich hernach sagen werde.

II.

Merkur war der Mundschenk bey der Göttertafel, und reichte ihnen die Ambrosia, wie Sappho und Alkäus [1]) uns lehren; daher wird er in einer Inschrift Menestrator genant, und dasselbe bedeutet der ihm beygelegte Namen Καμιλλος [2]). Man sieht Merkuren in Verwaltung dieses Amtes auf einer von den Seiten des dreyeckigten Fußgestelles eines marmornen Leuchters im Palast Barberini; ich habe dieses Kunstwerk bey Nr. 16.

---

1) p. 108. n. 479.
2) Le Beau Mem. I. sur le Med. rest. p. 351.
1) Poll. Onom. B. 4. Segm. 134, 137. Girald. hist. deor. synt. 9. p 307.
2) Ueber Poll. a. a. O.
3) Scalig. Poet. l. 1. c. 14. A.
4) Poll. a. a. O. Segm 145.
5) Il. ω. V. 348.

6) De sacrific. p. 367. l. 36.
7) Praec. conjug. p. 239. l. 36.
8) Hygin. fab. 14.
9) Apollon. Argon. I. V. 52, 56.
10) Tzetz. ad Lycophr. V. 680.
11) Ovid Fastor. II. V. 599.
1) Athen. Deipnos. B. 10. p 425. D.
2) Plutarch. Num. p. 117. l. 11.

Zweyter Abschnitt. Von besondern Gottheiten.

Nr. 16. erwähnet, wo ich von Merkurs Nachfolgern in diesem Amt rede. Derselbe Merkur hält einen Widder, wie man vor Alters bey einigen seiner Bildsäulen in Oechalien und in Elis [3] sah; aber nicht, wie Vossius [4] es erklärt, um die Niedrigkeit des Gewinnstes beym Handel, worüber dieser Gott der Aufseher war, anzuzeigen. Der gelehrte Mann erinnerte sich vielleicht nicht der Erklärung dieses Sinnbildes beym Pausanias, nemlich: weil Merkur für den Beschützer der Herden gehalten ward. Er kann den Widder auch noch aus zwey andern Ursachen haben: entweder, weil er sich in einen Widder verwandelte, wie er Penelope zu gewinnen suchte; oder, um die Verwandlung des Bachus in dieß Thier anzuzeigen, die Jupiter vornahm, um ihn den Verfolgungen der Juno zu entziehen, worauf ihn hernach Merkur zu den Nymphen brachte, die ihn erzogen [5]. Daher muß man als beziehend auf Merkuren einen Widderkopf ansehen, der an einem diesem Gotte gewidmeten Altar gearbeitet ist; das letzte sieht man aus dem Flügelhut (Petasus) und dem Schlangenstab (Kaduzeus), die daran gebildet sind. Dieser in der Villa Borghese stehende Altar ist der grösste von allen, die sich in Rom finden; er ward entdeckt in den Ruinen eines kleinen Tempels, der an der grossen Rennbahn (Cirkus maximus) stand.

III.

Etwas seltsam ist die Schildkröte auf Merkurs Schulter, wie man diese Vorstellung auf der flachen Seite eines Skarabäus [1] im Stoschischen Kabinet, hier Nr. 39. findet. Diese Vorstellung scheint einige Nr. 39. Aehnlichkeit mit einer kleinen an der Wand eines Tempels zu Theben in Aegypten gemahlten Figur zu haben; woran, nach Pokocks [2] Bericht, der Kopf mit der Schale einer Schildkröte bedeckt ist, und neben welcher man eine andre Gestalt mit zwen Flügeln am Kopfe sieht. Diese zwen Gestalten, die der genaute Schriftsteller bloß anzeigt, ohne sich um ihren Namen noch ihre Bedeutung zu bekümmern, stellen wahrscheinlich beide den ägyptischen Merkur vor. Die Aegypter behaupten, Merkur hätte in ihrem Lande die Leyer erfunden, und dazu das Haus einer Schildkröte gebraucht, die nach Zurücktretung des Nils in sein Bette, auf dem Trocknen zurückgeblieben sey [3]. Ein Merkurskopf von griechischem Stil, bey dem Bildhauer Herrn Bartol. Kavacepi zu Rom, woran gleichfalls ein Schildkrötenhaus die Bedeckung statt des Petasus macht, bestätigt noch mehr, daß unter dieser Kopfbedeckung des Gottes ein Zug einer uns unbekannten Fabel verborgen liegt; worauf sich denn auch die Schildkröte unsrer Gemme beziehen wird. — In der linken Hand trägt dieser Merkur eine kleine nackte Figur, die vielleicht Proserpina ist, welche dieser Gott aus der Unterwelt zurückbrachte, und ihrer Mutter der Ceres wiedergab; denn bekanntlich war es sein Amt, die Seelen nach Elysium [4] zu führen, und sie von da zurückzubringen. Dieselbe Vorstellung glaubt man an einem kleinen Merkur von Bronze zu sehen, der eine bekleidete und mit einem zugespitzten Diadem gezierte kleine Figur trägt [5]. Vielleicht kann die kleine Gestalt auf unserm Steine auch die Merkuren zugeschriebne Macht bedeuten, die Seelen durch Beschwörungen aus Elysium heraufzurufen [6].

Der Helm, den Merkur in einigen alten Denkmälern [7] auf dem Kopf trägt, ist des Plutos Helm, Ἄϊδος κυνέη, mit welchem bewafnet er gegen die Titanen stritt [8]. Denselben Helm nahm Minerva, als sie mit Diomed und auf dessen Wagen gegen Mars zog [9]. Auch Perseus war mit dem nehmlichen Helm gegen die Gorgonen gerüstet; er hatte die Kraft, den Perseus allen unsichtbar zu machen, indeß dieser selbst alles sehn konte [10].

Siebzehntes Kapitel.
Apollo.

I.

Unter den schönsten Bildsäulen des Apollo war die marmorne von Praxiteles berühmt, die den Beynamen Saurokronos [1], das ist Eidexentödter, führte. Es hat sich die Spur davon auf einem geschnittenen Stein [2] erhalten. Aber zwen andre Bildsäulen in der Villa Borghese, die denselben Apoll vorstellen, sind von keinem Antiquar erwähnt worden. Die kleinste steht mit andern Figuren und einen Brunnen; die schönste und zum besten erhaltene aber befindet sich in der obern Loggia des Palastes, und wäre des Meißels des genannten grossen Künstlers nicht unwürdig. Ich bringe sie Nr. 40. bey. Nr. 40.

Beide Gestalten stellen den noch sehr jungen Apollo, Βαπαις; [3], vor, so wie der vorgenante Apoll des Praxiteles war: Fecit et puberem Apollinem subrepenti lacertae cominus sagitta insidiantem, quem Sau-
roktono

---

3) Pausan. IV. p. 364. l. 17. V. p. 449. l. 22.
4) De rel. gent. l. 9. c. 20. p. 792.
5) Apollodor. Bibl. III. p. 93. a.
1) [Skarabäus (eigentlich das lateinische Wort für Käfer) bedeutet einen geschnittenen Stein (Gemme), der auf der vordern Seite, die flach ist, beliebige Figuren tief eingeschnitten (Intaglio), und auf der hintern konvexen oder sphärischen Seite einen erhaben geschnittenen (Kameo) Käfer hat. Die Aegypter arbeiteten auf diese Art. Man s. Lessings antiqu. Br. Th. I. S. 119. A. d. Ue.]
2) Descr. of the Eaht. t. I. p. 108.
3) Euseb. praep. evang. ex Diod. Sic. l. 2. p. 29. l. 32.

4) Horat. Od. l. 10 V. 19. [Elysium, sonst nur der Sitz der Seligen, scheint hier bey dem V. die Unterwelt überhaupt zu bedeuten.]
5) Gori Mus tr. t. I. tab. 38.
6) Prudenz. gegen Symmach. B. 1. p. 285. l. 2.
7) Gori Mus tr. t. II. p. 106. Descr. du Cab. de Stosch. p. 93.
8) Apollod. Bibl. I. p. 10 b. l. 19. Pausan. V. p. 449. l. 22.
9) Homer Il. 1. V. 845.
10) Apoll. a. a. O. p. 49 a.
1) Plin. B. 34. c. 19 §. 10.
2) Descr. du Cab. de Stosch. p. 190.
3) Anthol. B. IV. K. 11. Ep. 5. V. 1.

roctona vocant; und wie er damals soll gewesen seyn, als er dem König Admet wie Schäfer diente. Er hieß, wegen des letzten Umstandes Νομιος, der Hirte⁴); imgleichen Amphrysius, von dem Flusse Amphrysus, an dessen Ufern er die Herde des Königs weidete. Beide Gestalten sind in der Stellung, eine Eidexe zu belauren, die an einem Baum hinaufkriecht, an dessen Stamm sie sich mit dem linken Arm stützen. Am Palast Restaguti stehet ein Apollo Sauroktonos, woran viel Stellen ergänzt sind, und der Kopf neu ist; aber alt ist der Stamm des Baumes, an dem die Eidexe gebildet ist.

Diesen Abbildungen Apolls gleicht in der Stellung und der Geberde eine der schönsten bronzenen Figuren, die uns aus dem Alterthum geblieben sind. Sie ist eins der festbarsten Kleinode in der Villa des Kardinal Aler. Albani, fünf Palmen hoch. Doch ehe man die vorher beschriebnen Abbildungen konte, war sie unverständlich; indem der Baum daran fehlte. Ist siehet man sie, wie jene, an einen Stam von Bronze gestützt, der hinzugefügt ist, und worauf eine nach der Natur gebildete Eidexe von Silber hinaufkriecht.

Apollo Νομιος wird auch durch den krummen Schäferstab (Pedum) angedeutet, den man zu den Füßen einer sehr schönen Bildsäule dieses Gottes, in der Villa Ludovisi, gebildet siehet. Der Kopf der Bildsäule ist einer der schönsten von alter Arbeit, und überaus gut erhalten.

Es bietet sich mir hier die Gelegenheit dar, eine unrecht verstandene Stelle des Athenäus⁵) zu bemerken, wo eine der redend eingeführten Personen die andere fragt: ob ihr ein gewisser dort angeführter Vers des Simonides gefalle, und ob ihr das von diesem Dichter dem Apoll ertheilte Beywort Χρυσοκομας schön zu seyn bedünke? Ουδε τοδε τοι αρεσκει Σιμωνιδειον; Περφυρεον απο στοματος ιεισα φωνην παρθενος. Ουδ' ο ποιητης εςην λεγων χρυσοκομαν Απολλωνα; Dalechamp hat in der lateinischen Uebersetzung des Athenäus dieß als einen behauptenden Satz, und nicht Fragweise, angenommen; dadurch verführte er Franz Junius⁶) und Andere, aus dem Athenäus einen dessen wahrer Meynung gerade entgegen gesetzten Sinn zu ziehen. Der genante Schriftsteller über die Malerey der Alten will behaupten, die ältesten Maler hätten Apollen nicht mit goldgelbem, sondern mit schwarzem Haar gemalet. Aber, welche sind diese Maler? Zwar hat Homer in dem Hymnus auf diesen Gott die Farbe seiner Haare nicht beschrieben; allein bey ihm ist sonst das gelbe Haar immer, als Attribut der Schönheit, den Jünglingen sogar beygelegt: er giebt es Achillen und Menelaus. Fast alle junge Helden werden von den andern Dichtern mit Haaren dieser Farbe vorgestellt. So nent Ovid⁷) Theseus den Blonden, und Katull beschreibe Ariadnen:

— in flavo saepe hospite suspirantem.

Brautges. auf Pel. und Thet. V. 98.

Jason war auch so abgemalt⁸). Oedip wird mit solchen Haaren bey Euripides⁹) vorgestellt; und Hippolyt, Theseus Sohn, von Seneca¹⁰). Ferner ist das gemeinschaftliche Beywort: der Blonde, das Apoll¹¹) und Merkur¹²) führt, Jedermann bekannt; und endlich kommen die blonden Haare des Bakchus ungemein häufig bey den Dichtern vor¹³).

Im Gegentheil werden schwarze Haare von den Dichtern zum Gegensaz der Schönheit gebraucht. So heißt Pluto beym Euripides¹⁴) Μελαγχαιτας, der schwarzhaarige. Daher scheint es der Idee der Schönheit bey den Alten fast widersprechend, wenn Pindar¹⁵) sagt: daß dem Pelops, der seiner Schönheit wegen von Neptun geraubt ward, schwarzes Milchhaar um das Kinn hervorsprosse.

Selbst die Jünglingsmasken auf der Bühne waren mit gelbem Haar versehen, um sie den schönen Götte — πρεπων θεω καλω¹⁶) — das heist, dem Apoll, der unter allen Göttern der Schönste hieß, ähnlich zu machen. Pollux ist am angeführten Orte nicht von seinen Erklärern verstanden worden: sie machten einen schönen Genius daraus; und Kühn trennt unrichtig das Wort θεος von καλος, und glaubt, der Schriftsteller habe sagen wollen: eine solche Maske könne entweder für einen Gott, oder für einen schönen Menschen passen.

II.

Die sehr seltne silberne Münze des Königs Antigonus I., mit dem Zunamen Soter, im Kabinet des Nr. 41. Verfassers, und die einzige, die in diesem Werke beygebracht worden Nr. 41., ist, soviel man weiß, noch nicht bekant gemacht. Ihr ähnlich, auch in Absicht der Inschrift auf der Rückseite, ist die Münze desselbigen Königs, die P. Frölich¹) anführt, ob sie gleich nicht vom selbigen Gepräge ist. Ich gebe meine hier mit der größten Genauigkeit und in ihrer wahren Größe abgezeichnet; nicht sowol wegen der kleinen Gestalt des Apolls auf der Rückseite, als wegen des Kopfs auf der Vorderseite.

Dieser Kopf scheint auf der angeführten Münze, die in dem genanten Buche schlecht gezeichnet und gestochen ist, beschädigt zu seyn; weil der Verf. nicht wagt, mit Gewißheit anzugeben, von welcher Art die Bekränzung sey. Doch glaubt er, es wären Schilfblätter; und macht darum einen Neptunskopf daraus. Aber

---

4) Kallim. H. auf Ap. V. 47.
5) Deipnos. B. 13, p. 604. D.
6) De pict. veter. l. 3. c. 9. p. 232.
7) Heroid. 4. V. 72.
8) Der jüngere Philostrat. Icon. 7.
9) Phöniß. V. 32.
10) Hippol. V. 652.
11) Eurip. Jon, V. 887.

12) Virg. Aen. IV, 559.
13) Eurip. Bakch. B. 135, 457. Rustl. V. 75. Epigr. bey Orville in Char. p. 385. Seneka Oed. V. 421.
14) Alcest. V. 438.
15) Olymp. I. V. 110.
16) Pollux Onom. IV. Segm. 136.
1) Annal. Reg. Syr. tab. 2. n. 1.

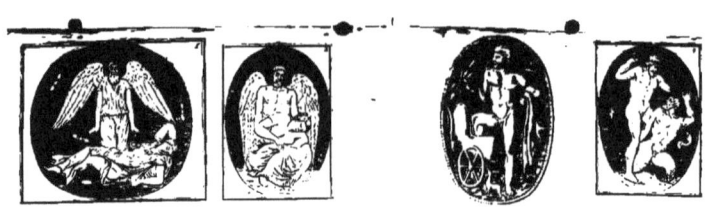